Empreendedorismo Evolutivo

Autoliderança Cosmoética para a Evolução Consciencial

Phelipe Mansur

Empreendedorismo Evolutivo

Autoliderança Cosmoética para a Evolução Consciencial

EDITARES

Cognópolis Foz do Iguaçu, Paraná, Brasil
2015

1ª Edição - Tiragem regular de 1.000 exemplares.
Edição gratuita de 500 exemplares.

Capa: Francieli Padilha.
Revisão: Roberto Otuzi e Erotides Louly.
Diagramação: Epígrafe Editorial.
Impressão: Edelbra Editora e Gráfica Ltda.

Dados Internacionais de Catalogação na Publicação (CIP)

M289e Mansur, Phelipe

Empreededorismo evolutivo: autoliderança cosmoética para a evolução consciencial. / Phelipe Mansur; [prefácio de Mário Oliveira]. - Foz do Iguaçu : Editares, 2015.

248 p.

Inclui bibliografia.
ISBN 978-85-8477-005-2

1. Conscienciologia. 2. Empreendedorismologia. I. Título.

CDD 133

Tatiana Lopes CRB 9/1524

EDITARES

Associação Internacional Editares
Av. Felipe Wandscheer, 5.100, sala 107, Cognópolis
Foz do Iguaçu, PR - Brasil - CEP: 85856-530
Tel/Fax: 45 2102 1407
E-mail: editares@editares.org.br *Website:* www.editares.org

Mas, o que é, principalmente, próprio do homem, é a procura da veracidade. Assim, logo que nos livrarmos de cuidados e negócios, desejamos ver, entender, aprender qualquer coisa; pensamos que o conhecimento dos mistérios ou maravilhas da natureza é imprescindível à felicidade; procuramos ver o que é verdadeiro, simples e puro, e conveniente à natureza do homem. Nesse amor à verdade encontramos certo anseio de independência, fazendo o homem bem-nascido não desejar obedecer a ninguém, senão àquele que o educa e o dirige no interesse comum, de acordo com a justiça e as leis; daí nasce a nobreza d'alma e o desprezo às coisas humanas.

(Marco Túlio Cícero, 106-43 a.e.c)

DEDICATÓRIA

Ao meu pai, pelo exemplarismo
empreendedor desde outras vidas.

Ao Zéfiro, pelo resgate da baratrosfera
e exemplarismo evolutivo, desde sempre.

À Isabelle, desejando inspirações
evolutivas na proéxis recém-iniciada.

AGRADECIMENTOS

Ao Parainversor, pela inspiração, em bloco, da primeira versão do índice, no momento em que eu jantava tranquilamente e larguei tudo para escrever.

À Sandra, pela coragem, destemor e companheirismo da educação materna, ao ensinar o valor das convicções íntimas e apoiar minhas decisões intermissivistas.

À duplista Mariana, pelo companheirismo, carinho, paciência e ricos *insights* evolutivos.

À gêmea Juliana, pela convivência sem barreiras nem tabus.

Ao irmão João Anacleto, pelo exemplarismo na conquista de sua aptidão inata.

Ao irmão postiço Luiz Fernando, amigo raríssimo de Curso Intermissivo, por incitar a fagulha da lucidez multidimensional ainda na adolescência.

À toda equipe da Editares e Epígrafe, em especial Sandra Tornieri pela coordenação, Francielli pela confecção da capa e Roberto Otuzi, Caio Polizel, Erotides Louly e Rosemary Salles pelo detalhismo das revisões.

Agradeço também à todas as conscins e consciexes que ao longo dos meus 31 anos auxiliaram, direta ou indiretamente, na concepção de ideias empreendedoras-evolutivas.

Muito obrigado.

SUMÁRIO

PREFÁCIO

Diplomacia Assistencial

Admiração. Apresentar o livro *Empreendedorismo Evolutivo* de Phelipe Mansur é oportunidade de expressar a minha admiração e satisfação de estar acompanhando de perto o crescimento evolutivo, a determinação focada, o bom humor, a coragem na procura dos desafios e a diplomacia assistencial deste empreendedor.

Amizade. Conheci Phelipe em viagem para ministrar curso em Curitiba, quando fui recebido no aeroporto por este jovem questionador, inteligente e já lidando com a produção de hortaliças pelo método hidropônico. Na ocasião, a conversa fluiu solta, não faltando perguntas sobre assuntos ligados à Conscienciologia. A partir desse primeiro encontro estabelecemos grande amizade com experiências exitosas.

Exemplarismo. O autor exemplifica a prática empreendedora ao passar por crises existenciais, os chamados tempos difíceis, sem *perder o pulso* da realização. A postura assistencial é mantida e serve de lição para aqueles que esmorecem no encontro dos primeiros obstáculos.

Assistência. A presente obra ressalta a importância do empreendedorismo evolutivo, no qual os resultados pessoais promovem auxílio às outras consciências, levando-as também a alcançarem frutos assistenciais. Estas conquistas repercutem nas múltiplas áreas existenciais, gerando novos projetos evolutivos, tal qual dinâmica cadeia de desafios explicitada na vida do autor.

Proéxis. O texto discorre sobre a possibilidade de haver sinergia entre o negócio intrafísico, o sustentáculo financeiro, e as diretrizes da autoproéxis, estando os objetivos assistenciais e cosmoéticos presentes desde a escolha da atividade a ser empreendida.

Tecnicidade. Phelipe fornece ferramentas técnicas valiosas, principalmente para os iniciantes na ousadia de empreender, servindo de apoio e prevenção de *mata-burros* comuns a esta empreitada.

Energias. Recomenda enfaticamente o emprego cotidiano do Estado Vibracional (EV), técnica simples, despriorizada ou desconhecida por muitas pessoas, porém capaz de favorecer o efetivo sucesso de qualquer empreedimento.

Perfil. Argumenta quanto à importância da personalidade empreendedora manter holopensene pessoal assistencial, sustentado por meio de constantes reciclagens intraconscienciais, a fim de tornar-se pólo irradiador de energias balsâmicas, dirimindo assedialidades, implantando harmonia, ampliando a produtividade e expandindo a autexpressão multidimensional.

Evolução. Convido os leitores a conhecerem essa abordagem brilhante, clara e objetiva ao empreendedorismo, pautada nos princípios conscienciológicos, associando à inovação e à criatividade, a sustentação energética da motivação, a aplicação do parapsiquismo interassistencial, a qualificação cosmoética dos relacionamentos e o comprometimento intermissivo com a tares. *Evoluir é empreender em prol da evolução de todos.*

Mário Oliveira

OBJETIVO DESTE LIVRO

Objetivo. O objetivo principal deste livro é gerar motivação e dar força aos empreendedores de todos os tipos, incentivando-os a empreender evolutivamente, e fornecer subsídios para, de alguma forma, em alguma instância da vida intrafísica, materializarem o ativo mais valioso produzido nesta dimensão: as ideias evolutivas.

Questionologia. O esforço deste autor foi responder ao seguinte questionamento: de que forma um empreendimento pode se tornar uma ação capaz de predispor a evolução consciencial em todos os envolvidos em sua realização?

Produtividade. Uma das formas de se medir a produtividade evolutiva durante a vida intrafísica é fazer o balanço das atividades desenvolvidas e confrontá-las com os resultados obtidos. A alta produtividade intrafísica nem sempre corresponde à produtividade evolutiva do ponto de vista multidimensional.

Empresas. Ainda hoje (Ano-base 2014), as empresas são locais onde as conscins economicamente ativas permanecem em média um terço do dia, se dedicando a algum trabalho em troca do bem viabilizador da vida social no mundo moderno, ou seja, o dinheiro.

Inevitabilidade. O vil metal é inevitável para qualquer conscin, mesmo indiretamente. Portanto, o trabalho acaba sendo também inevitável na vida da maioria das conscins, salvo exceções.

Saída. Visto isso, a saída evolutiva mais viável para aliar trabalho e evolução consciencial, enriquecendo a vida em si e não apenas o bolso, é transformá-lo em atividade evolutiva.

Requisitos. Para uma atividade ser considerada evolutiva, diversos fatores precisam ser ponderados e incrementados em seu escopo, por exemplo, a cosmoética. Todavia, a assistencialidade é requisito indispensável, inevitável e inexorável.

Empreendedorismo. Empreender não implica necessariamente em constituir uma empresa e montar um negócio para ganhar dinheiro. Empreender significa toda e qualquer ação consciencial gerando atividade, mobilizando ideias e produzindo algo. O filósofo é um empreendedor de elucubrações, o empresário um empreendedor de produtos, o conscienciólogo um empreendedor da autoevolução.

Simplicidade. Empreender pode ser um ato simples ou complexo, dependendo do tipo de empreendimento. Contudo, empreender evolutivamente é um ato de autodecisão.

Realismo. O presente livro está baseado no realismo das atividades empreendedoras realizadas na dimensão intrafísica. O esforço pessoal deste autor foi trazer o máximo da prática empreendedora evolutiva pessoal para estas páginas, com o intuito de mostrar a viabilidade de se chegar mais próximo dos objetivos da proéxis pessoal ao transformar os empreendimentos da vida humana em ações evolutivas.

Correlações. O *pano de fundo* utilizado para as argumentações foi o cenário empresarial. A todo momento ao longo do texto são feitas correlações com temas pertinentes ao universo empreendedor, com o intuito de desmitificar qualquer tipo de dificuldade na ação empreendedora evolutiva.

Organização. Os capítulos estão organizados em ordem lógica, porém são independentes. A leitura de cada tema pode ser feita em separado, sem prejuízo de sua compreensão.

Cosmovisão. O intuito ousado da obra é estimular o desenvolvimento da ampla visão ideativa do leitor, ao expor temas não tratados comumente nas obras sobre empreendedorismo, visando incitar a cosmovisão dos empreendedores e empreendedoras evolutivos.

Técnicas. *Mata-burros* e técnicas úteis foram elencadas ao longo dos capítulos visando a profilaxia de erros evitáveis, e o desenvolvimento acurado de ações empreendedoras.

Risco. O título do livro foi propositalmente pensado para ampliar a visão de empreendedores e não empreendedores sobre o assunto e, pelas características linguísticas das palavras, pode atrair algumas consciências interessadas em descobrir novas maneiras de obter simplesmente lucro financeiro.

Lucro. Porém, o melhor a buscar, sempre, é o lucro do ponto de vista evolutivo, aliando as necessidades financeiras da vida intrafísica com as necessidades de desenvolvimento intraconsciencial da vida multidimensional. Empreendedorismo evolutivo não é sinônimo de dificuldades, mas de inteligência.

Autovivência. Este livro é baseado na experiência pessoal do autor.

NÃO ACREDITE EM NADA. NÃO ACREDITE NAS IDEIAS APRESENTADAS NESTAS PÁGINAS, E NEM MESMO NAS HISTÓRIAS DE UM EMPREENDEDOR EVOLUTIVO. TENHA SUAS EXPERIÊNCIAS PESSOAIS E EMPREENDA POR SI MESMO.

PRÓLOGO

Casuística Pessoal do Autor

Vendedor de Fósforos

Fracassos. No meu caso específico, precisei passar por três fracassos empreendedores até conseguir montar um negócio de sucesso. A primeira empreitada foi ainda na adolescência e as outras duas quando estava na faculdade.

Precocidade. Aos 13 anos de idade cursava a 7ª série e vi a primeira oportunidade de negócio surgir em minha frente. Naquele momento de pré-adolescência, fui o único a ter tido ideia nesse sentido entre todos os meus amigos. O motivo está claro para mim hoje. As informações do curso intermissivo me fizeram sempre pensar em um caminho de autonomia e independência financeira.

Paixão. No Brasil o futebol é paixão nacional. 99% dos meninos e algumas meninas se interessavam pelos times do campeonato brasileiro daquele ano de 1997. Iam para escola com as camisas dos clubes e colecionavam álbuns de figurinhas dos jogadores.

Estratégia. Na época, meu pai era acionista de uma fábrica de fósforos. Uma das estratégias da empresa para aumentar as vendas foi estampar nas caixinhas o símbolo dos clubes do campeonato brasileiro. Quando recebi essa notícia, encontrei uma oportunidade. Imediatamente pensei: vou ficar rico!

Ligação. Através de um raciocínio lógico, eu simplesmente liguei as pontas para conceber o negócio. De um lado eu possuía o fornecedor nas mãos, meu pai, e de outro a demanda pela imagem dos clubes.

Planejamento. Sem fazer cálculos de oferta, encomendei ao meu pai duas caixas de cada bandeira de time, e antes mesmo de receber a mercadoria comecei a campanha de *marketing* boca a boca, oferecendo as caixinhas de fósforo aos colegas.

Boom. A novidade foi um estouro. Não se falava outra coisa na sala de aula. Todos meus amigos mais chegados fizeram encomendas de várias caixinhas, inclusive de times para os quais eles não torciam. Anotei tudo em um caderninho e aguardei a entrega da mercadoria.

Estocagem. Ao receber as caixas tomei o primeiro susto. A quantidade era enorme. Todos na minha casa se perguntaram o que eu faria com tudo aquilo. E logo em seguida o primeiro problema: onde guardar. Por falta de opção, e para manter o negócio seguro, empilhei por volta de 20 fardos no meu quarto, ao lado de minha cama. A imagem daqueles fardos ao lado direito da minha cama nunca mais saiu de minha cabeça.

Expectativas. No meio tempo, entre as vendas antecipadas e a entrega dos produtos, houve momentos de ansiedade por parte dos compradores. Recebia questionamentos constantes para saber a data de entrega. Tinha ficado inclusive mais popular aqueles dias.

Distribuição. Ao chegar com os primeiros lotes na escola me deparei com a complexidade logística envolvida na distribuição de qualquer produto. Todas as caixinhas possuíam o mesmo valor, e ao anotar os pedidos, não estipulei qual time cada comprador queria. No momento da entrega, constatei da forma mais dura para um empreendedor a falha na gestão do negócio. Algumas bandeiras de times não tinham sido entregues pela fábrica, pelo simples fato de não terem sido produzidas, porém eu já as tinha vendido. E a confusão estava feita.

Caos. Entreguei o possível aos clientes e fiz promessa de entrega aos decepcionados. Foi uma desorganização total. O controle no caderninho já não existia mais, recebi algum dinheiro sem dar baixa nos pedidos, misturei as anotações e vi minha primeira empresa virar um caos.

Superestimação. Fui para casa decepcionado com meu desempenho e envergonhado pela promessa não cumprida aos meus colegas. Ao chegar no meu quarto, olhei para a pilha de fósforos e ela estava intacta, toda aquela entrega do primeiro dia não tinha sido capaz de reduzi-la em nada. Fiz então a contabilidade e constatei que o dinheiro recebido não sustentaria dois dias de lanche no horário do recreio.

Onda. Cheguei na escola no dia seguinte e ninguém mais falava no assunto. Apenas uma amiga veio falar comigo para reclamar. Ela queria as caixinhas do seu time, mas eu não tinha para fornecer, pois não tinham sido produzidas. Tentei explicar, mas ela ficou chateada. Minha onda de prosperidade já tinha passado.

Ensinamento. Nesse momento, desapontado, recebi dois ensinamentos de meu pai. Me disse que a fábrica precisava vender milhões de caixinhas por mês para poder pagar as contas, pois o valor agregado do produto é baixo, e me perguntou: o que uma criança vai fazer com caixinhas de fósforo? Realmente enxerguei ser meu produto inútil para o público-alvo, pois sequer era bem elaborado para guardar de recordação. Visto isso, resolvi não cobrar mais as vendas já entregues e ainda não recebidas. Fiquei meses com aqueles fardos de fósforos em meu quarto, até minha mãe jogar tudo no lixo.

Força. Minha força de vendas foi baseada exclusivamente na credibilidade perante meus amigos e na propaganda feita das caixinhas de fósforo com bandeiras dos times de futebol.

Aprendizado. Essa primeira experiência empresarial no papel de empreendedor foi de grande valia para minha formação, e posso resumi-la em 5 pontos:

1. **Coerência.** A propaganda dos produtos precisa refletir seu real valor e utilidade.
2. **Utilidade.** Produtos precisam ser úteis ao público-alvo, senão não prosperarão.
3. **Teste.** É preciso experimentar um produto antes de lançá-lo no mercado.
4. **Demanda.** Toda ação empresarial deve possuir estudo de demanda.
5. **Oferta.** A oferta deve estar condizente com a expectativa da demanda.

Escola de Aulas Particulares

Faculdade. Os anos se passaram, porém a ânsia de possuir autonomia e me sustentar financeiramente não passou. Sentia os anos de escola passando sem agregar muito valor ao meu objetivo. Ao chegar no 3º ano fiz vestibular antecipado e fui aprovado na faculdade de administração com 6 meses de antecedência, aos 17 anos.

Escolha. A escolha pelo curso de administração naquele momento foi racional e prática. Precisava aprender o funcionamento de uma empresa caso quisesse ter uma algum dia.

Crise. O holopensene de competição para vestibular me fez mal naquela época, passei por verdadeira crise existencial. Não entendia ainda sobre autodefesa energética, EV, nem sequer projeções lúcidas. Em um colégio com milhares de alunos, o maior de Curitiba-PR, com salas de aula de 300 estudantes, minha sensibilidade energética inata me fazia ser constantemente sugado. Mal conseguia ficar acordado nas aulas e quando abaixava a cabeça para dormir na carteira passava pela catalepsia projetiva, sem poder compreender o fenômeno. Foram diversos episódios. A antecipação da entrada na faculdade foi minha solução.

Holopensene. A entrada no holopensene de um curso de administração reacendeu em mim, e potencializou, as ideias inatas empreendedoras. Era sem dúvidas o melhor ambiente para pensar em um negócio capaz de me sustentar, pois estava aliando a informação teórica ao ímpeto prático.

Ideias. Pelo fato de estar preocupado com minha sustentabilidade, acabei produzindo diversas ideias de negócios. Procurava juntar amigos afins para facilitar a concepção de algum projeto. Meu raciocínio sempre foi de prestar um serviço essencial, barato, e ganhar na escala. Este é meu estilo empreendedor. Nunca pensei em algo de alto valor agregado e elitizado. Não que seja ruim, mas não conjumina com meu holopensene pessoal. Entre tantas elucubrações vividas, cheguei a articular com os amigos para comprarmos uma minivan para entrega de pães nas empresas, e também criar serviço de limpar óculos no centro da cidade. Ambas ideias abortadas pela inviabilidade econômico-financeira.

Proposta. Recebi então uma proposta de um amigo para montarmos em sociedade uma escola de aulas particulares. A avó dele possuía um imóvel ao lado de um colégio famoso e grande e poderia nos ceder para iniciarmos o negócio. Precisaríamos apenas fazer uma pequena reforma. Como durante o colégio ambos fomos assíduos frequentadores de escolas particulares, vendo aqueles ambientes sempre cheios, o negócio tinha boas chances de prosperar. E novamente pensei: vou ficar rico!

Investimento. Ao fazer 16 anos recebi um carro de herança de meu avô. Estava no segundo ano da faculdade e o dinheiro da venda daquele patrimônio ainda estava guardado. Juntando com mais uma pequena poupança feita por meu outro avô, possuía o dinheiro necessário para o investimento. O combinado era colocarmos cada um 50% do valor e trabalharmos juntos na administração.

Planejamento. Nesse momento observei mais uma vez os percalços da falta de planejamento na formação de um negócio. Ao concluirmos 70% da reforma, meu sócio pediu para eu adiantar o resto do dinheiro, pois o dele já tinha acabado. Isso gerou a primeira crise societária de minha vida. Como era ele o idealizador, resolvi seguir em frente.

Falhas. Devido a empolgação inicial, uma sequência de falhas fez parte do nosso dia a dia. A reforma demorou o dobro do tempo esperado; as salas de aula não possuíam a acústica necessária; o local não tinha ventilação suficiente; o negócio não possuía fachada, com isso nossos clientes não sabiam de nossa existência; e o mais sério de tudo, a quantidade de professores recrutados na condição de *freelance* era insuficiente e não abrangia todas as matérias.

Motivação. Como a ideação do empreendimento foi do meu sócio, sempre observei nele motivação necessária para superar todos esses obstáculos. Aos *trancos e barrancos,* a escola iniciou as atividades e as primeiras aulas particulares foram dadas. Porém, com pouco mais de 6 meses de abertura já não me sentia parte do negócio e resolvemos desfazer a sociedade em um acordo de cavalheiros. Ele continuava com o negócio e quando pudesse pagaria minha parte. Trato feito, trato cumprido, amizade preservada.

Produtor Rural

Fracasso. Após mais esse fracasso em meu ímpeto de autossustentabilidade, decidi me render aos anseios de meu pai e fui trabalhar com ele. Fazendeiro do centro-oeste brasileiro, com escritório administrativo em Curitiba-PR, me colocou na função de auxiliar administrativo em uma estrutura onde meu irmão era o financeiro, existia um contador, uma gerente administrativa e uma secretária.

Beleza. O local de trabalho poderia ser descrito como um sonho de consumo de um administrador convencional. Escritório novo, com móveis e computadores de alto padrão, no alto de um edifício cheio de empresas importantes e uma sala exclusiva para mim.

Íntimo. Toda aquela beleza de nada adiantou. Meu íntimo não havia mudado. Não conseguia me sentir útil trabalhando ao lado de meu pai pelo simples motivo do negócio ser uma concepção *dele,* funcionar da maneira *dele* e ser o ramo no qual *ele* escolheu atuar. Além disso, o tipo de empreendedor que eu almejava ser, precisa sentir-se incluído 100% no negócio e eu não estava.

Força. Contudo, não deixei de fazer força para acertar, mesmo nesse cenário. Procurei aplicar os conhecimentos auferidos na faculdade na área de controles financeiros e fluxo de caixa. Era até onde conseguia chegar naquela organização. Fazia o possível, mas aquilo não me preenchia, não sentia estar no caminho das ideias do CI. Um determinado dia, após inúmeras brigas com meu pai e meu irmão, decidi assumir minha vontade de alcançar a autonomia financeira. Percebi o fato de, em uma empresa familiar, os filhos do dono serão sempre filhos do dono. Precisava de autonomia econômico-financeira para poder fazer jus ao meu comprometimento proexológico.

Plano. Pela primeira vez não tinha um plano pronto. Conversava incessantemente com amigos sobre empreender, sobre as oportunidades de mercado, os negócios viáveis, mas as ideias ainda não tinham chegado. Mesmo com a pressão familiar extremamente grande para eu não tomar essa atitude, sentia alívio. O alívio de seguir minha proposta íntima de viver.

Marca. O momento foi marcante a ponto de eu ainda lembrar de detalhes do primeiro dia de mudança na rotina pessoal. Ao invés de acordar assoberbado para bater o ponto no escritório, lembro de acordar naturalmente, sem despertador. Ainda de pijama fui até a cozinha pegar algo para comer e sentei tranquilamente na sala de televisão. Consigo lembrar com exatidão do programa assistido e sua trilha sonora. Era um programa de comédia, onde pude dar boas risadas.

Pontas. O tempo passou e não poderia ficar apenas assistindo televisão. Mais uma vez então resolvi *unir as pontas*. Em um curso de Conscienciologia conheci o maior plantador de hortaliças da Bahia. Meu avô paterno possuía uma chácara nos arredores de Curitiba, a 30 km do centro, com muito espaço vazio. Eu sabia da predisposição dele em aceitar qualquer iniciativa minha no local, então peguei imediatamente um avião e fui visitar meu amigo na Bahia.

Empolgação. Fui extremamente bem recebido. As portas do negócio se abriram. Toda informação necessária pude buscar em quem já estava há mais de 20 anos no ramo. Ponto decisivo em minha análise foi o fato de qualquer restaurante, hotel ou lanchonete, comprar hortaliças. A demanda era certa, eu possuía a fonte de conhecimento e não precisaria pagar arrendamento do local de plantio. Em minha cabeça, negócio fechado. Mais uma vez pensei: vou ficar rico!

Pesquisa. O plano estava montado em minha cabeça. Tratei de colocá-lo no papel dessa vez. Fiz pesquisa nos 4 maiores mercados da cidade para saber quais os tipos de hortaliças eram mais vendidos. Elaborei tabela de preços de cada tipo com suas respectivas marcas, visitei plantações e apresentei o projeto a dois investidores. Nenhum deles deu crédito ao negócio. Mesmo assim fui adiante.

Viabilização. Ao completar 18 anos, ganhei de meu pai um Audi A3 turbo. Na época era meu único patrimônio. Não hesitando nenhum segundo, coloquei o mesmo a venda.

Suporte. Apesar de aborrecido com minha decisão, e descrente de qualquer possibilidade de sucesso, após compreender meu espírito jovem empreendedor, meu pai deu algum suporte. Comprou um utilitário com caçamba para eu poder me deslocar até a chácara e tratou da venda do meu carro, me adiantando 50% do valor de mercado.

Motivação. Entrei de cabeça no negócio. Mobilizei tudo ao meu alcance para o sucesso. Minha rotina se tornou extenuante. Estudava à noite e às 5h30 acordava para chegar às 7h na chácara. Minha alimentação ficou péssima e o estresse cresceu. Emagreci a ponto de ficar com a feição de doente e vivia sem energia, dormindo pelos cantos.

Obra. A ideia foi produzir no modelo hidropônico. Contratei então um funcionário do meu avô, conhecedor de construir casas. Passei a ideia a ele que imediatamente deu a solução para a construção de 3 estufas no local.

Cheque. Nesse momento vi o poder dos cheques pré-datados. Esperando a venda do carro, comprei os materiais necessários à construção das estufas a prazo. Dava cheques para 45 dias. Eu não entendia nada de construção, mas tudo ia bem. A forma de construir me parecia inteligente, e finalmente chegou o dia de cobrirmos a estufa. O projeto estava se concretizando.

Vento. A primeira estufa foi coberta em uma sexta-feira. No sábado ocorreu a primeira chuva e foi tudo para os ares. Só sobraram as pilastras de concreto.

Viabilização. Mas não seria esse pé de vento capaz de me abater. Já compreendia o fato das dificuldades fazerem parte de qualquer negócio. Encontrei então um produtor se desfazendo de suas estufas e comprei todas, completas. Em pouco mais de um mês as estufas estavam prontas, resistentes a ventos e trovoadas, iniciando a produção.

Logística. Comprei uma Kombi velha para fazer as entregas. Entreguei muita alface, rúcula e agrião. Minha rotina ficou ainda mais extenuante, pois enquanto os funcionários cuidavam do plantio eu fazia as entregas. Comecei a dormir menos ainda, até um dia estar voltando para casa e dormir na direção. O carro subiu no meio-fio, mas nada grave aconteceu.

Rentabilidade. Apesar do trabalho descomunal, entregando verduras em restaurantes, mercados e hotéis, a rentabilidade no final do mês era irrisória. Não sobrava para jantar fora uma vez por semana. Eu, com tendência a emagrecer, estava virando pele e osso.

Momento. Após cerca de um ano com o negócio, me graduei em administração com ênfase em *marketing*. Tinha descoberto a inviabilidade do negócio, pois para poder ter rentabilidade satisfatória, precisaria montar ao menos 20 estufas. Após muitas cabeçadas, minha motivação tinha terminado. Percebi então o momento de fazer nova mudança. Entreguei o negócio ao meu primo que morava na chácara, reuni minhas economias, arrumei as malas e mudei de cidade.

Vendedor de Sanduíches

Cognópolis. O projeto da cidade do conhecimento, em Foz do Iguaçu-PR, sempre me chamou a atenção. Percebia ser lá o local onde eu estaria mais próximo das ideias do CI e não hesitei em me dirigir ao oeste.

Duplismo. Após 6 meses, fui morar com minha duplista. Trabalhei em 2 subempregos sem conseguir ganhar para pagar o aluguel e as reservas começaram a se esgotar. A ideia de ser empreendedor não saía de minha cabeça sequer um minuto.

Regresso. Pela necessidade do momento, minha e de minha família, me rendi. Novamente voltei a trabalhar com meu pai. Para isso mudei para Campo Grande-MS. Passei 1 ano e 9 meses tentando prestar toda a assistência necessária ao grupocarma, mas ao mesmo tempo revivendo situações e sentimentos já entendidos como desnecessários para mim.

Força. Então, em determinado momento, a força do CI falou novamente mais alto. Recebi diversos sinais de que o tempo de trabalho com meu pai finalmente tinha se esgotado. O ímpeto empreendedor reviveu, dessa vez com a maturidade conquistada nos empreendimentos anteriores. Em janeiro de 2007 definimos a volta para Foz, todavia ainda não havia nenhum negócio em mente.

Raciocínio. Meu raciocínio de empreendedor foi sempre voltado para duas áreas, indústria e agronegócios. São setores fundamentais de qualquer economia e minha intenção era empreender algo nesse sentido. Diversas ideias surgiram, desde a confecção de calçadas tipo *paver*, até a instalação de uma fábrica de biodiesel. Cheguei a mobilizar um grupo de 15 empresários, mas nada parecia "encaixar".

Sinalética. Sempre tive certo preconceito com a área do comércio varejista e nunca me imaginei nesse ramo. Pensava ser área pouco agregadora para qualquer tipo de economia, apenas repassando produtos e não agregando valor. Ou seja, minha consciência estava fechada para qualquer oportunidade nesse sentido. Contudo, em conversa com um amigo próximo, a quem sou eternamente grato, me foi dada a sugestão de abrir uma franquia do SUBWAY, ainda inexistente em Foz do Iguaçu naquela época. Imediatamente percebi a presença de um amparador e recebi banho de energias positivas, intenso e amplificador da lucidez pessoal.

Estratégia. Mais uma vez fiz o trabalho de *ligar as pontas* e lembrei o fato de, há algum tempo, um primo ter me informado ser o detentor da licença para vender as franquias. Entrei em contato no mesmo dia e em 5 meses eu abria a primeira loja SUBWAY em Foz do Iguaçu-PR.

Riqueza. Dessa vez, em nenhum momento, tive os mesmos impulsos psicossomáticos dos empreendimentos anteriores.

A ideia recorrente, de ficar rico rápido, não me passou pela cabeça. Estava focado, frio e calculista, em fazer o empreendimento dar certo. Era uma operação nova no Brasil, havia poucas lojas abertas, e eu estava em uma cidade do interior. Eu precisaria ser profissional.

Franquia. O SUBWAY existe desde 1965 e os procedimentos de operação da loja estão bem fundamentados. Analisei o cenário e pude resumir meus desafios nessas 6 áreas:

1. **Operação.** Cumprir a operação solicitada pela franqueadora.
2. **RH.** Gerir pessoas para atenderem bem os clientes.
3. ***Marketing.*** Trabalhar com *marketing* local para fazer o produto ficar conhecido.
4. **Finanças.** Possuir controles financeiros simples e eficazes.
5. **Custo.** Reduzir ao máximo o custo de operação, pois o cenário não apontava para faturamento alto logo na abertura.
6. **Empréstimo.** Pagar o empréstimo feito para a abertura do negócio.

Sucesso. A palavra sucesso possui conotação prejudicial no mundo dos negócios. Se aplica melhor aos processos esportivos, onde existe um ganhador e um perdedor dentro de uma competição com tempo determinado. O sucesso real só é possível de ser medido na dessoma, quando a consciência volta ao extrafísico e avalia seu saldo da última existência.

Gradiente. Alcançar êxito em um empreendimento significa mantê-lo em funcionamento, remunerando ao empreendedor o capital investido. A grande questão é que isso precisa ser feito de maneira constante, senão o sucesso se transforma em fracasso.

Conclusão. Após sete anos em operação e 4 lojas abertas chego à conclusão, através da prática adquirida, de o processo empreendedor possuir dinâmica semelhante à evolução consciencial, no sentido de oferecer ensinamentos constantes às consciências. Com isso me pergunto: o que mais preciso aprender? Aonde estou errando hoje? Como posso me aprimorar para não errar mais da mesma forma?

Ditado. Um ditado carregado por meu pai em sua pasta é capaz de resumir meu pensamento: "Na planície das ilusões, há ossos de milhões, que ao avistarem a vitória, sentaram para descansar". Nesse ponto podemos nos perguntar: *o Serenão descansa?*

Bibliografia

1. **Batista,** Eike; ***O X da Questão;*** *Ed. Primeira Pessoa;* 160p.; Rio de Janeiro, RJ; 2011; págs. 22 e 47.

2. **Correa,** Cristiane; ***Sonho Grande;*** *Ed. Primeira Pessoa;* 248p.; Rio de Janeiro, RJ; 2013; pág. 12.

3. **Palermo,** Vinicius; ***Os 10 mais podres de rico da história;*** *História Viva;* Revista; Bimestral; Ed. Especial; N. 47; 8 fotos; 3 ilus.; São Paulo, SP; dezembro 2013; página 10.

1. O QUE É EMPREENDEDORISMO EVOLUTIVO

Definição. Empreendedorismo é a capacidade, inata ou desenvolvida, de realizar ações práticas mobilizadoras de outras consciências, e da sociedade como um todo, modificando o ambiente intrafísico pelo estabelecimento de holopensene antiestagnante.

Etimologia. O termo empreender procede do idioma latim, *imprehendere ou impraehendere,* "tentar executar uma tarefa". As palavras empreender e empreendedor surgiram no séc. XVI, porém sem grande repercussão. Em 1828 a palavra ressurgiu para designar o administrador ou produtor teatral.

Fixação. No séc. XIX o brilhante economista francês J. B. Say (1767-1832) através de sua visão inovadora para a época, difundiu e propagou o termo empreendedor, sustentando a tese de a principal questão no universo empresarial não serem os fatores de produção, mas sim o próprio empreendedor, capaz de aumentar a produção e criar maior riqueza nas organizações. Contrariou assim as ideias de Adam Smith (1723-1790) das quais era seguidor (Drucker, 2008, pág. 13).

Autores. Diversas abordagens sobre empreendedorismo podem ser encontradas na bibliografia sobre o tema. Para ampliação do conceito, segue abaixo outras definições de empreendedorismo e seus respectivos autores:

1. Inovação. "...prática de criar novos negócios ou revitalizar negócios já existentes" (CHIAVENATO, 2012, pág. 05).

2. Ideia. "...executar, pôr em prática ou levar adiante uma ideia, com a intenção de atingir objetivos e resultados" (BIAGIO, 2012, pág. 03).

3. Função. "*...does not essentially consist in either inventing anything or otherwise creating the conditions which the enterprise exploits. It consists in getting things done*". (SCHUMPETER, 2008, pág. 132).

Socin. Quando analisado do ponto de vista da socin (sociedade intrafísica), o empreendedorismo pode ser qualificado como neutro em relação à cosmoética, pelo fato de poder ser direcionado tanto para ações benéficas quanto maléficas ao funcionamento do planeta.

Movimento. Todas as definições de empreendedorismo levam, através de diferentes palavras, ao conceito de *mobilizar*, *movimentar* ou *ativar* algo em prol de alguma coisa. Esse movimento empreendedor, quando de acordo com a cosmoética, leva ao conceito de evolução, de onde podemos observar outro conceito: o *empreendedorismo evolutivo*.

Evolução. De acordo com o dicionário Houaiss (2009) *evolução* é todo processo de desenvolvimento e aperfeiçoamento de algo.

Definição. *Empreendedorismo evolutivo* é a mobilização intra e extra consciencial em favor da interassistencialidade tarística, acarretando empreendimentos e ações de melhoria do holopensene terrestre, sempre pautado na cosmoética e na multidimensionalidade.

Repercussões. As ações empreendedoras, quando evolutivas, geram efeitos nas consciências envolvidas e também no padrão de energias do local, predispondo às seguintes repercussões conscienciais:

01. Conscienciálidade. Abertismo consciencial; antimaterialismo.

02. Assistencialidade. Esclarecimento; tares (tarefa do esclarecimento).

03. Bioenergética. Autodomínio; soltura energossomática.

04. Desenvolvimento. Social; urbanístico; paraurbanístico.

05. Discernimento. Reflexão; cosmoética; exemplarismo.

06. Imperturbabilidade. Íntima; holopensência.

07. Lucidez. Consciencial; interconsciencial.

08. Megafoco. Amplitude; cosmovisiologia.

09. Recursos. Riqueza; renda; distribuição.

10. Saúde. Integral; holossomática; consciencial.

Diferença. A diferença entre o empreendedorismo convencional, comentado amplamente através das mídias de massa, e o empreendedorismo evolutivo, objeto de estudo deste livro, pode ser definida em dois pontos:

1. Foco. Empreendedorismo evolutivo possui foco na evolução do planeta e de seus habitantes como um todo, não apenas na rentabilidade monetária e poder social do indivíduo ou empresa.

2. Finalidade. No empreendedorismo evolutivo, o lucro é consequência do benefício gerado para a socin (sociedade intrafísica), o grupocarma, o planeta e seus habitantes. A finalidade do empreendedorismo convencional é gerar lucro e riqueza, muitas vezes, através de ações antievolutivas.

Status. O *status* atual de desenvolvimento do *empreendedorismo evolutivo* ainda é pífio se levarmos em consideração a grande quantidade de empreendimentos com fins estagnantes em curso no planeta. Podemos encontrar inúmeros exemplos de negócios (Ano-base 2014) com fins diretamente patológicos e antievolutivos, privados e públicos, conforme pode ser observado abaixo, nos títulos das 10 matérias de periódicos brasileiros:

01. Álcool. Estado de Minas; ***Guerra das Cervejas – Mineiro Bebe Acima da Média;*** 19.05.02; página 03.

02. Armas. O Globo; ***Indústria de Defesa Movimenta US$ 1 Trilhão;*** 14.10.01; página 09.

03. Cigarro. O Estado de S. Paulo; ***Indústrias Correm para Fazer um Cigarro Menos Cancerígeno;*** SP; 16.02.01; página B11.

04. Conchavos políticos. Gazeta do Iguaçu; ***MP Vai Investigar Troca de Cirurgias por Votos;*** 30.03.2000; página 09.

05. Contrabando. Veja; ***Ele tem 150.000 Metros Quadrados - receita federal mantém em Foz do Iguaçu um pátio para alojar carros apreendidos de contrabandistas que é maior do que o de montadoras;*** 06.01.10; página 52.

07. Drogas. Veja; ***Narcossubmarino: Polícia Colombiana Descobre Submarino que Seria Utilizado para Transporte de Drogas;*** 13.09.2000; página 54.

08. Falsificações. Valor; ***Remédios Falsos Detêm 7% das Vendas Globais;*** 05.03.01; página B8.

09. Golpes. Gazeta do Povo; ***O Golpe dos Combustíveis;*** 11.01.12; página 2.

10. Lavagem de dinheiro. Gazeta do Povo; ***CPI Deve Incluir Mais 10 Nomes no Relatório Final;*** 23.03.06; página 15.

11. Poluidoras. O Globo; ***China Exporta Poluição;*** 30.04.13; página 7.

Evolução. Contudo existem iniciativas merecedoras de mérito pelo pioneirismo da atitude evolutiva incluída nos empreendimentos, muitas vezes criados sem a intenção única de gerar lucro, mas com objetivo assistencial, conforme podemos observar nos exemplos citados abaixo, também retirados de periódicos brasileiros:

1. Anticorrupção. Folha de S. Paulo; ***Pacto Quer Inviabilizar Empresa Corruptora;*** 10.12.05; página A8.

2. Doações. Veja; ***Ricos e Generosos - Magnatas Americanos não esperam mais a Morte para Doar Dinheiro a Causas Sociais, e Valores chegam à Casa do Bilhão;*** 04.02.04; página 90.

3. Fundações. Folha de S. Paulo; ***Pai de Ives Ota lança Fundação com nome do Filho Assassinado;*** 04.06.98; página 03.

4. Humanização. Gazeta Mercantil; ***Empresa Melhora ao Dar Ouvidos aos Funcionários;*** 07 a 13.02.01; página 3.

5. Voluntariado. IstoÉ; ***"A Classe Despertou" - O coordenador do comitê de voluntariado da ONU presidente da DPaschoal comemora a participação dos empresários em projetos sociais;*** 28.11.01; páginas 9 a 13.

Fatores. Para um empreendimento ser considerado evolutivo, dois fatores precisam estar ínsitos na postura do empreendedor, e também no cotidiano da empresa: 1. Foco evolutivo. 2. Holopensene assistencial.

Empreendimentos. Todavia, de acordo com o conceito amplo de empreendedorismo evolutivo, não há necessidade de se constituir uma empresa para se tornar um empreendedor evolutivo. Sendo a maior empreitada enfrentada pela consciência, e também a primeira, a necessidade de evolução consciencial, ao incluir nela a assistencialidade com foco evolutivo, a conscin inevitavelmente estará agindo como empreendedora evolutiva de si mesma.

Bibliografia

01. Biagio; Luiz Arnaldo; ***Empreendedorismo - Construindo Seu Projeto de Vida;*** 250 p.; *Manole;* Barueri, SP; 2012; página 03.

02. Cariello, Rafael; ***Pacto Quer Inviabilizar Empresa Corruptora;*** *Folha de S. Paulo;* Jornal; Diário; São Paulo, SP; 10.12.05; página A8.

03. Chiavenato; Idalberto; ***Empreendedorismo - Dando Asas ao Espírito Empreendedor;*** 316 p.; *Manole;* Barueri, SP; 2012; página 05.

04. Drucker; Peter F.; ***Management;*** 568 p.; *Harper Business;* New York, NY; 2008; pág. 13

05. Fairclough, Gordon; ***Indústrias Correm para Fazer um Cigarro Menos Cancerígeno;*** *O Estado de S. Paulo;* Jornal; Diário; Seção: Economia; São Paulo, SP; 16.02.01; página B11.

06. Folha de S. Paulo; Redação; ***Pai de Ives Ota lança Fundação com nome do Filho Assassinado;*** Jornal; Diário; Seção: Cotidiano; São Paulo, SP; 04.06.98; página 03.

07. Gazeta do Povo; Redação; ***CPI Deve Incluir Mais 10 Nomes no Relatório Final;*** Jornal; Diário; Seção: Brasil; Curitiba, PR; 23.03.06; página 15.

08. Gazeta do Povo; Redação; ***O Golpe dos Combustíveis;*** Ano 93; N. 30.005; Jornal; Diário; Seção: Opinião; Curitiba, PR; 11.01.12; página 2.

09. Gazeta Mercantil; Redação; ***Empresa Melhora ao Dar Ouvidos aos Funcionários;*** Jornal; Diário; Seção: Por Conta Própria; São Paulo, SP; 07 a 13.02.01; página 3.

10. **Houaiss,** Antonio; ***Dicionário Houaiss da Língua Portuguesa;*** versão digital; *Objetiva;* Rio de Janeiro, RJ; 2009; verbete evolução.

11. **IstoÉ;** Redação; ***"A Classe Despertou" - O coordenador do comitê de voluntariado da ONU presidente da DPaschoal comemora a participação dos empresários em projetos sociais;*** Revista; Semanário; Seção: Entrevista; São Paulo, SP; 28.11.01; páginas 9 a 13.

12. **Lakotta,** Beate; ***Remédios Falsos Detêm 7% das Vendas Globais;*** Ano 1; N. 211; *Valor;* Jornal; Diário; Seção: Empresas; São Paulo, SP; 05.03.01; página B8.

13. **O Globo;** Redação; ***China Exporta Poluição;*** Jornal; Diário; A. LXXXVIII; N. 29.121; Suplemento Amanhã; Rio de Janeiro, RJ; 30.04.13; página 7.

14. **O Globo;** Redação; ***Indústria de Defesa Movimenta US$ 1 Trilhão;*** Jornal; Diário; Seção: O Mundo; Rio de Janeiro, RJ; 14.10.01; página 09.

15. **Paulin,** Igor; ***Ele tem 150.000 Metros Quadrados - receita federal mantém em Foz do Iguaçu um pátio para alojar carros apreendidos de contrabandistas que é maior do que o de montadoras;*** *Veja;* Revista; Semanário; Seção: Brasil; São Paulo, SP; 06.01.10; página 52.

17. **Reis,** Graziela; ***Guerra das Cervejas - Mineiro Bebe Acima da Média;*** *Estado de Minas;* Jornal; Diário; Seção: Economia; Belo Horizonte, MG; 19.05.02; página 03.

18. **Rossi,** Valéria; ***MP Vai Investigar Troca de Cirurgias por Votos;*** *Gazeta do Iguaçu;* Jornal; Diário; Caderno 1; Foz do Iguaçu, PR; 30.03.2000; página 09.

19. **Schumpeter;** Joseph A.; ***Capitalism, Socialism and Democracy;*** 432 p.; *Harper & Row;* New York, NY; 2008; pág. 132.

20. **Veja;** Redação; ***Narcossubmarino: Polícia Colombiana Descobre submarino que Seria Utilizado para Transporte de Drogas;*** Revista; Semanário; Seção: Internacional; São Paulo, SP; 13.09.2000; página 54.

21. **Veja;** Redação; ***Ricos e Generosos - Magnatas Americanos não esperam mais a Morte para Doar Dinheiro a Causas Sociais, e Valores chegam à Casa do Bilhão;*** Revista; Semanário; São Paulo, SP; 04.02.04; página 90.

2. CURSO INTERMISSIVO

Definição. O *Curso Intermissivo* (CI) é a reunião de consciexes de nível evolutivo lúcido com objetivo de estudar na dimensão extrafísica, de modo organizado e planificado, assuntos concernentes à Evoluciologia, objetivando auxiliar na otimização evolutiva da próxima vida intrafísica, com foco no completismo existencial (compléxis) das programações existenciais (proéxis), supervisionado por evoluciólogos e Serenões.

Intermissão. O *período intermissivo* é o intervalo incidente entre duas vidas humanas consecutivas.

Curso. Prática e diretamente, podemos compreender o CI sendo um curso preparatório realizado pela consciex antes do renascimento intrafísico, com diversos temas e níveis, de acordo com as capacidades e interesses individuais. O empreendedorismo evolutivo é um dos temas tratados.

Empreendedorismo. Ao interessado em empreendedorismo evolutivo importa sobremaneira a compreensão acurada do tema. Os egressos dos CIs, inversores e inversoras ressomados, são, teoricamente, as conscins melhor capacitadas para estabelecer um negócio evolutivo, pois antes de ressomar estudaram para inserir a evolutividade no dia a dia da vida humana.

Analogia. Fazendo analogia entre a dimensão intrafísica e extrafísica, da mesma forma que o curso universitário capacita para a profissão, o CI capacita para a vida humana.

Especificidade. O CI é realizado sob medida para cada participante. Nenhuma consciência é igual a outra, e as proéxis são definidas considerando as habilidades e necessidades íntimas.

Holovisão. Para alcançar holovisão sobre o tema CI, consultar: Enciclopédia da Conscienciologia; Projeciologia; 700 Experimentos da Conscienciologia; e demais livros conscienciológicos abordando o assunto.

Aptidões. "O que difere uma pessoa da outra é o acervo deficiente ou enriquecido da sua carga de pré-ciência ou as aptidões inatas resultantes de conquistas anteriores ao renascimento" (Vieira, 2002, pág. 817).

Empreendimento. A vida humana é o maior empreendimento a ser realizado na dimensão intrafísica. Existem ressomas proativas e outras estagnadoras. Quando é construída e gerenciada de maneira evolutiva, gera repercussão positiva em todo o planeta, assim como uma empresa bem gerenciada e cosmoética repercute benefícios aos sócios, funcionários e sociedade.

CI. A realidade do atual momento evolutivo planetário ainda exige a seleção de consciências para a participação nos CIs. Não por vontade dos evoluciólogos, mas pelo fato de a grande maioria dos habitantes ainda não se interessar decididamente pela evolução planificada. Pode-se comprovar isso analisando o padrão das empresas na socin, atuando com negócios drasticamente patológicos à sociedade e, mesmo assim, obtendo grande sucesso pela produção de produtos maléficos à saúde. Sem consumidores de drogas, o tráfico e seus males nunca sobreviveriam.

Advertência. As poucas páginas lidas até aqui já podem dar uma noção do assunto a ser tratado neste livro, mas ainda cabe uma advertência. Se você é alguém *fanático* por dinheiro, pauta suas ações apenas no $, e pegou este livro para aprender a ficar rico com um novo empreendimento, duas conclusões podem ser tiradas:

1. Intermissivista. Possivelmente você não realizou o *Curso Intermissivo.*

2. Utilidade. De nada adiantará ler este livro.

Assistência. Antes de mais nada, empreender evolutivamente é pensar na assistência capaz de ser prestada aos outros, seja através de uma atividade geradora de riqueza monetária ou mesmo através do voluntariado.

Desvios. Possíveis desvios de objetivos do empreendimento evolutivo podem ser incitados através de algumas posturas dos empreendedores, características dos padrões patológicos presentes na dimensão intrafísica, por exemplo, estas 5 listadas abaixo em ordem alfabética:

1. **Aliciamento.** O estabelecimento de parceria/sociedade com conscins anticosmoéticas divergindo dos objetivos evolutivos.

2. **Anticosmoética.** A falha cosmoética admitida para atender às necessidades do empreendimento, sempre nocivas a longo prazo.

3. **Comodismo.** A necessidade de as aspirações pessoais serem atendidas por outrem, criando falta de autonomia e dependência com relação ao empreendimento pessoal, gerando comodismo.

4. **Facilidades.** A sucumbência às facilidades no alcance do dinheiro – "vendidas" pelos assediadores para criar desvios de proéxis.

5. **Ganância.** O desejo da fartura monetária a qualquer custo.

Rota. É possível ao empreendedor observar a necessidade da troca de empreendimento ao longo da caminhada profissional, muitas vezes com o negócio próprio já montado e em funcionamento, sendo um ajuste de rota necessário.

Lucidez. Isso pode ser necessário pela baixa lucidez e pela falta de análise criteriosa no momento da decisão em abrir o próprio negócio, criando divergência do objetivo evolutivo pré-estabelecido. Ao melhorar a lucidez pessoal é compreensível o ajuste dos macro-objetivos da vida ao novo patamar de compreensão sobre a evolução no intrafísico, onde também entram as questões empresariais.

Evolutivo. Nenhum empreendimento pode ser considerado evolutivo se não contemplar de alguma forma a assistência às consciências envolvidas em seu funcionamento, seja em qual nível for.

Objetivos. Segundo CHIAVENATO (2012, pág. 54) as empresas alcançam seus objetivos por meio da gestão de *recursos humanos, materiais* e *financeiros.* O quadro a seguir demonstra exemplos da gestão de tais ferramentas de maneira anticosmoética e também a postura cosmoética nesse contexto, explicitando a forma de o empreendedor buscar um funcionamento evolutivo e assistencial de seu negócio:

FERRAMENTA	POSTURA ANTICOSMOÉTICA	POSTURA COSMOÉTICA
Recursos Humanos	Manipular funcionários como se fossem máquinas	Dar exemplos positivos aos colaboradores predispondo a tares no ambiente empresarial
Materiais	Buscar materiais (matéria-prima e ferramentas) não se importando com o impacto por eles causado à sociedade e ao meio ambiente	Aplicar materiais capazes de agregar valor ao cliente e minimizar o impacto negativo no planeta
Finanças	Acúmulo ganancioso de recursos	Gerar riqueza social predispondo a assistencialidade através da postura de conscin large

Assistência. O ideal é unirmos as ações empreendedoras em busca de subsistência e riqueza às ações assistenciais envolvidas com os comprometimentos holocármicos. Para isso não é necessário criar um hospital ou empresa de caridade. Basta o empreendedor irradiar assistencialidade a partir de si e do funcionamento cosmoético de seu negócio.

Citaciologia. Vieira, (2014, pág. 608) no verbete Empreendedorismologia, faz a seguinte correlação entre empreendimento ideal e programação existencial:

> "***Maximologia.*** *Tendo em vista a evolução, a programação existencial (proéxis) e o grupo evolutivo, a iniciativa ou empreendimento ideal, obviamente, será*

sempre aquele, quando possível (e é sempre possível quando se tem paciência e persistência), onde se constrói para o bem de todos, com atividades sólidas em bases universalistas, sem entrar nas áreas humanas críticas de conotações patológicas aparentemente mais fáceis."

Questionologia. Para auxiliar os empreendedores na análise do nível assistencial de seu negócio, cabe aqui o seguinte questionamento: *além de ajudar a minha subsistência intrafísica, consigo também fazer do meu empreendimento uma fonte de assistência à socin ainda patológica?*

Bibliografia

1. Chiavenato; Idalberto; ***Empreendedorismo - Dando Asas Ao Espírito Empreendedor;*** 316 p.; *Manole;* Barueri, SP; 2012; página 54.

2. Drucker; Peter F.; ***Management;*** 568 p.; *Harper Business;* New York, NY; 2008; pág. 3.

3. Vieira; Waldo; ***Dicionário de Argumentos da Conscienciologia;*** 1572 p.; Editares; Foz do Iguaçu, PR; 2014; verbete Empreendedorismologia.

4. PERFIL DO EMPREENDEDOR EVOLUTIVO

Definição. De acordo com o Grande Dicionário Sacconi (2010), *perfil* significa uma série de características ou qualidades que identificam um tipo ou categoria de pessoa. O *perfil* do empreendedor evolutivo é portanto a série de características determinantes da personalidade daquele capaz de criar um negócio para promover a evolução pessoal e do planeta.

Importância. É de suma importância conhecer o comportamento do empreendedor evolutivo, para o interessado ser capaz de analisar e identificar os traços pessoais a serem desenvolvidos no alinhamento do próprio negócio ao objetivo máximo da ressoma de todos no planeta: a evolução consciencial.

Ação. A dinâmica evolutiva existente em nosso planeta, observada principalmente através do estudo do perfil das consciências mais avançadas (evoluciólogos e Serenões) nos apresenta o seguinte conceito: devemos adotar postura ativa nas inter-relações conscienciais. Portanto, baseando-se no exemplo dos Erados da evolução, podemos concluir a necessidade de sermos empreendedores de nossa própria evolução, ativos na busca do melhor para todos, independentemente da área de atuação profissional. *Quem não empreende fica estagnado.*

Taxologia. A bibliografia disponível sobre o tema é vasta e ampla, com multiplicidade de citações cruzadas e uma série de conceitos diversos sobre o que realmente caracteriza e define o perfil do *empreendedor convencional.* Para melhor compreensão do empreendedorismo evolutivo, eis a síntese em *dois perfis* distintos – empreendedor materialista e empreendedor evolutivo – das principais características de atuação de cada um:

EMPREENDEDOR MATERIALISTA	EMPREENDEDOR EVOLUTIVO
Busca exclusiva do dinheiro	Busca autoconhecimento e sustentabilidade financeira
Busca realização profissional e satisfação dos clientes	Busca o melhor para todos
Cria valor para si	Cria valor ao maximecanismo assistencial
Dedicação para vencer disputas	Dedicação para vencer os autotrafares
Detecta oportunidades materiais	Detecta oportunidades evolutivas
Determinação para enriquecer	Determinação para promover evolução em si e nos outros
Enxerga o negócio como fim	Enxerga o negócio como meio
Explora oportunidades de negócio	Explora oportunidades evolutivas através dos negócios
Foca energias apenas no lucro	Foca energias na homeostase através da cosmoética
Foco no ganho e prestígio material	Foco nas posturas e empreendimentos assistenciais
Leva em consideração apenas o dinheiro na tomada de decisão	Trabalha com o binômio dinheiro-assistência
Líder intrafísico	Líder multidimensional
Motiva-se para o sucesso intrafísico	Motiva-se para novos patamares na escala evolutiva
Não se importa com os impactos do negócio para o planeta	Procura deixar o planeta melhor para sua próxima ressoma
Possui monovisão materialista	Possui cosmovisão

Inovação. Alguns autores clássicos do empreendedorismo, por exemplo, Peter Drucker (1909-2005), consideram empreendedores apenas as pessoas capazes de criar negócios inovadores. Porém, pode-se observar pelo cotejo realizado no quadro acima, o empreendedor evolutivo é o inovador dos meios de se evoluir, independendo o tipo de negócio criado ou administrado.

Ação. Podemos concluir, portanto, ser o empreendedorismo, independentemente do viés trabalhado pelos teóricos do assunto, um sinônimo de ação empresarial. Para o empreendedorismo evolutivo essas ações empresariais precisam ser qualificadas de acordo com conceitos propulsores da evolução consciencial.

Qualificação. O livro *Ação Empreendedora* (Lenzi, Kiesel e Zucco, 2010, páginas 364 a 369), lista uma série de ações capazes de determinar a postura de um empreendedor. O quadro abaixo lista, em ordem alfabética, algumas dessas posturas e faz cotejo com a consequente qualificação evolutiva:

AÇÕES DO EMPREENDEDOR	QUALIFICAÇÃO EVOLUTIVA
Ação de planejamento	Qualificação proexológica
Ação estratégica	Qualificação cosmovisiológica
Ação de gestão de pessoas	Qualificação assistencial
Ação de mercado	Qualificação da responsabilidade
Ação de pesquisa de mercados	Qualificação cosmoética
Ação de vendas	Qualificação interpessoal
Ação de criação e inovação	Qualificação mentalsomática
Ação de qualidade	Qualificação do detalhismo

Recin. Tendo o empreendedor evolutivo a característica de estar constantemente prestando assistência interconsciencial, o mesmo requer inovações constantes na maneira de se comportar perante o mundo. Essa atualização íntima é chamada em Conscienciologia de reciclagem intraconsciencial (recin).

Bibliografia

01. Lenzi; Kiesel; Zucco; et. al; ***Ação Empreendedora - Como Desenvolver e Administrar seu Negócio com Excelência;*** 380 p.; *Gente Editora;* São Paulo, SP; 2010; páginas 364 a 369.

02. Sacconi, Luiz Antônio; ***Grande Dicionário Sacconi;*** 2088 p.; Editora Nova Geração; São Paulo, SP; 2010; verbete perfil.

5. A IDEIA DO NEGÓCIO PRÓPRIO

Início. Para o início de qualquer empreendimento, é preciso ter uma ideia e cada ideia possui sua particularidade, de acordo com quem a concebeu. Para melhor entender o universo das ideias dos negócios é preciso começar definindo o conceito de ideia.

Definição. Dentre as muitas acepções da palavra *ideia* constantes no dicionário Houaiss (2009), a melhor para o contexto deste livro é a que menciona ser uma *ideia* a *"representação mental de algo concreto, abstrato ou quimérico"*.

Abrangência. Essa se mostra a melhor acepção pelo fato de abranger três dimensões ideativas (concretude, abstração, quimera), constantes no universo do empreendedorismo.

Explicitação. Para melhor compreensão e expansão do assunto, segue abaixo a explicitação dos três conceitos constantes na definição acima, listados em ordem alfabética:

1. Abstração. Significa o que não é concreto; intangível, abstraído dos seres a que pertencem. As ideias abstratas se caracterizam por possuírem distanciamento da realidade na qual o empreendedor está inserido, com poucas chances de serem materializadas e viabilizadas.

2. Concretude. Significa próximo à realidade; tangível; com possibilidade de materialização. Quando se tem a ideia de algo concreto, significa possuir a capacidade de realização para tal pensamento. Ou seja, quando se tem uma ideia concreta de negócio, o empreendedor está mais próximo de conceber efetivamente um empreendimento, pois as variáveis de materialização de tal pensamento estão próximas das possibilidades pessoais e da realidade intrafísica do momento.

3. Quimera. Significa produto de ideia falsa; utopia. No universo do empreendedorismo não é difícil encontrar pessoas com ideias utópicas de negócios, capazes de serem realizadas apenas na imaginação. Há os casos porém, onde muitas vezes, as ideias utópicas se tornam viáveis através do amadurecimento do pensamento dos empreendedores, passando as mesmas de quiméricas para concretas.

Questionologia. Caso você seja um empreendedor, vale a pena se perguntar nesse momento: *minhas ideias de negócio estão em qual dessas 3 dimensões?*

Fonte. As ideias de negócios próprios podem ser provenientes de diversas fontes, desde uma conversa com amigos na escola até de uma reunião de trabalho no emprego. Contudo, o interessado em obter o sustento pessoal a partir de uma empresa, baseada substancialmente na personalidade individual, deve observar a origem e a qualificação da ideia do empreendimento a ser concebido.

Qualificação. Do ponto de vista do empreendedorismo evolutivo, um fator importante a observar é a qualidade da ideia, ou seja, se a ideia é cosmoética ou não. Para isso, uma técnica útil é observar a fonte de onde essa ideia surgiu.

Taxologia. Quanto à fonte, as ideias de negócios podem ser classificadas de acordo com 3 características, e suas respectivas correlações:

1. Guia cego

Ideia. A ideia proveniente de um guia cego é aquela possuidora de lógica intrafísica e algum fundamento, porém com mínima visão de conjunto do ponto de vista evolutivo. O empreendimento advindo dessa ideia não poderá ser considerado um empreendimento evolutivo, por não trazer ganhos cosmoéticos aos seus viabilizadores e muito menos à sociedade.

Capacidade. Considera apenas a personalidade e as capacidades do empreendedor, e não o contexto multidimensional e as repercussões evolutivas envolvidas na abertura de um negócio próprio. É a ação capaz de gerar dinheiro e riqueza intrafísica, e ao mesmo tempo desviar a pessoa do objetivo primeiro do seu renascimento nesta dimensão, a evolução consciencial.

Legalidade. Esse tipo de negócio caracteriza-se principalmente pelo fato de ser legal de acordo com as leis estabelecidas, porém de repercussão negativa para o *Ciclo Multiexistencial Pessoal*, por promover processos patológicos em algum nível da sua cadeia de funcionamento.

Negócios. Segue abaixo, listagem de 3 tipos de negócios capazes de promover lucro e ao mesmo tempo estagnar a evolução dos envolvidos, gerando refluxos negativos nessa ou em outra vida intrafísica:

01. Armas. Produção, venda ou intermediação de armas legalizadas.

02. Álcool. Produção, venda ou intermediação de bebidas alcoólicas.

03. Tabaco. Produção, venda ou intermediação de cigarro.

Visão. Infelizmente a visão curta da maioria absoluta da população terrestre não alcançou patamar suficiente para eliminar da legalidade, na maioria dos países, essas três modalidades de negócios patológicos. Soma-se a isso, os interesses comerciais bilionários das grandes indústrias, fazendo *lobby* com políticos para não aprovarem leis capazes de encerrar tais empreendimentos, defendendo apenas o lucro de alguns em detrimento do malefício a muitos (V. **Araujo**, Tarso; ***O Futuro da Indústria do Tabaco;*** *Galileu;* São Paulo, SP; 01.04.13; página 37).

Impacto. Tais empreendimentos criarão interprisão grupocármica com todos os elementos da cadeia produtiva até os consumidores, por criarem inúmeros danos para a sociedade.

2. Assédio

Ideia. Pode ser considerada uma ideia assediada, quando o empreendimento é caracterizado principalmente pelo desvio de proéxis a ser gerado no futuro empresário. Considera apenas o benefício financeiro do negócio, utilizado para cegar o empreendedor nas demais tarefas relacionadas à proéxis pessoal.

Legalidade. Não considera a legalidade do empreendimento. Visa promover apenas lucro imediato.

Negócios. Segue abaixo, listagem de 7 tipos de negócios capazes de promover lucro e ao mesmo tempo estagnação evolutiva, interprisões grupocármicas, acidentes de percurso e malefícios para a sociedade e todos os envolvidos:

01. Animais. Negociação, intermediação ou venda de animais em extinção, proibidos pela lei.

02. Exploração. Negociações baseadas na exploração da força de trabalho.

03. Tráfico. Negociações baseadas no tráfico de pessoas.

04. Conchavos. Negociações e conchavos políticos baseados em propinas. Os benefícios desleais através de esquemas. O "tirar vantagem".

05. Contrabando. Produção, venda ou intermediação de contrabando.

06. Drogas. Produção, venda ou intermediação de drogas.

07. Pirataria. Produção, venda ou intermediação de produtos pirateados.

3. Amparo

Ideia. Quando a ideia de empreendimento considera em primeiro lugar a cosmoética e a programação existencial do intermissivista.

Banhos. Possui características sadias desde a concepção, acompanhada de banhos de energia promovidos pelos amparadores, inspiradores do empreendimento.

Proéxis. É ideia capaz de somar esforços no cumprimento da proéxis. Pode ser *fixadora* da proéxis, no caso de um médico montar um hospital para ampliar sua assistencialidade. Ou *sustentadora*, para o intermissivista criar as bases financeiras na vida intrafísica.

Legalidade. Possui características de legalidade em toda a cadeia do produto ou serviço ofertado à sociedade.

Mentalsomatologia. Toda ação inicia com uma ideia. As ações com maiores chances de sucesso iniciam com ideias mais elaboradas, melhor pensadas, adstritas ao mentalsoma, e não com ideias instintivas, surgidas impulsivamente e adstritas ao psicossoma.

Acuidade. Importa ao empreendedor considerar o nível de acuidade pessoal nas decisões a serem tomadas a respeito dos negócios. Acuidade com relação às variáveis envolvidas no empreendimento a ser iniciado, ou mesmo nos empreendimentos já existentes. A título de ampliação das ideias, segue abaixo, listados em ordem alfabética, 11 itens a serem levados em consideração, na análise da qualidade ideativa dos empreendimentos pessoais:

01. Consciências envolvidas.
02. Contexto socio-econômico.
03. Fonte da ideia a ser desenvolvida.
04. Holopensene dos ambientes frequentados ou a serem frequentados.
05. Impactos conscienciais e sociais.
06. Interesses alheios.
07. Interesses pessoais.
08. Motivações.
09. Padrão energético dos envolvidos.
10. Quem ganhará.
11. Quem perderá.

Sintonia. Ideias estão sempre disponíveis, expostas aos interessados. Podem ser inspiradas tanto pelos amparadores, quanto pelos assediadores. Quem determinará qual a fonte de inspiração será sempre o próprio inspirado, nesse contexto, o interessado na sustentabilidade proexológica pessoal através do empreendedorismo.

Bibliografia

1. Houaiss, Antonio; ***Dicionário Houaiss da Língua Portuguesa;*** versão digital; *Objetiva;* Rio de Janeiro, RJ; 2009; verbete ideia.

2. Araujo, Tarso; ***O Futuro da Indústria do Tabaco;*** *Galileu;* São Paulo, SP; 01.04.13; página 37.

6. A HORA DE EMPREENDER

Racionalidade. Em *Manual dos Megapensenes Trivocabulares*, Vieira (2009, pág. 251), traz o seguinte megapensene trivocabular com o título momentos: "*Vivemos momentos imortais*".

Definição. De acordo com as ideias de empreendedorismo evolutivo, *momento* pode ser definido como a situação, oportuna ou não, onde a consciência define intimamente sobre o empreendimento a ser iniciado, assumindo assim o ônus e o bônus, intrafísico e multidimensional, de tal ação.

Fases. De acordo com Dornelas (2012, pág. 33) as fases do processo empreendedor são: 1. Identificar e avaliar a oportunidade; 2. Desenvolver o plano de negócios; 3. Determinar e captar os recursos necessários; 4. Gerenciar a empresa criada.

Autoanalise. Tal qual Dornelas, os principais autores sobre empreendedorismo não falam em suas publicações sobre a necessidade do empreendedor avaliar se está, realmente, no momento certo de sua vida para iniciar o empreendimento em mente.

Proéxis. Diversas classificações foram desenvolvidas para explicitar as fases do processo empreendedor na bibliografia convencional, porém apenas quando se observa o empreendedorismo do ponto de vista evolutivo, pode-se compreender a importância proexológica das ações empreendedoras.

Autoconscienciometria. O interessado em empreender evolutivamente pode realizar uma autochecagem íntima para avaliar se está na hora de efetivar o primeiro passo para um empreendimento, fazendo para si as 8 perguntas abaixo, listadas em ordem funcional:

1. Disponibilidade. Estou disponível intimamente para o empreendimento nesse momento, com todas as implicações dele decorrentes?

2. Habilidade. Possuo as habilidades necessárias para essa empreitada?

3. Alinhamento. Tal empreendimento está alinhado com minha proéxis?

4. Assistência. Qual o nível de auto e heteroassistência presente neste empreendimento?

5. Cosmoética. O empreendimento é cosmoético?

6. Proéxis. *Necessito* desse empreendimento para realizar minha proéxis?

7. Fracasso. Estou preparado para um possível fracasso?

8. Sucesso. Estou preparado para o sucesso?

Rastro. As ações conscienciais são fruto exclusivo do livre-arbítrio pessoal. Porém, as consequências dos atos pessoais são inevitáveis, em qualquer situação ou circunstância da vida intrafísica. Como diz o ditado popular: *"A plantação é facultativa, mas a colheita é inevitável"*.

Momento. Ao pensarmos em termos práticos, podemos analisar a hora ideal para empreender de acordo com o momento de vida de cada consciência. De maneira genérica, os dois tipos mais encontrados de pessoas desejando se engajar em um negócio próprio são:

1. Carentes. As pessoas carentes de recursos financeiros, buscando um negócio para se sustentar na dimensão intrafísica.

2. Estabilizados. As conscins estabilizadas financeiramente, porém não satisfeitas com seu *status quo,* buscando um negócio próprio para ampliar suas finanças ou apenas para se sentirem úteis.

Oportunidade. Importante ponto a avaliar é saber se a oportunidade de negócio em mente é realmente viável. Para isso, existem inúmeras técnicas de avaliação já consagradas, e inclusive empresas, por exemplo o SEBRAE, capazes de ampliar a visão sobre o ramo a ser explorado e obter maior segurança ao iniciar qualquer atividade.

Questionologia. Segue abaixo, listados em ordem lógica, 11 fatores para análise e respectivas perguntas, capazes de ampliar a visão do empreendedor sobre o momento de empreender e a ideia do negócio, abordados sob o viés do empreendedorismo evolutivo (*baseado em Dornelas, 2012 pág. 54 e Leite, 2012 pág. 184*):

01. Mercado. Há mercado cosmoético para o produto?

02. Produção. O produto/serviço possui produção viável?

03. Viabilidade. Há viabilidade econômica (custo *versus* preço de venda)?

04. Sustentabilidade. O negócio é ambientalmente sustentável?

05. Competitividade. Conseguirei penetração de mercado atuando cosmoeticamente?

06. Monopólio. O mercado pretendido é um monopólio, oligopólio ou livre concorrência?

07. Equipe. Existe mão de obra disponível para esse tipo de negócio? Necessitarei de mão de obra clandestina para sobreviver no ramo?

08. Recursos. Os recursos para investimento são provenientes de fontes lícitas?

09. Concorrentes. Algum concorrente fechará as portas caso meu negócio tenha sucesso?

10. Rastro. Qual rastro estarei deixando para minha proéxis?

11. Efeito. O impacto do negócio produzirá efeitos positivos na sociedade?

Pais. Para o empreendedor iniciante, normalmente o recém-formado, ainda carente de fontes de recursos estáveis, um fator a ser considerado é se existe *background* capaz de fornecer sustento enquanto o negócio ainda não gera lucro. Nesse caso, o apoio conquistado dos pais, de alguém capaz de suprir as necessidades básicas do novo empresário (comumente chamado *anjo*), ou mesmo uma reserva financeira conquistada previamente, fornecendo sustento durante os primeiros momentos da empreitada, é de suma importância, pois permitirá a tomada de decisões de modo tranquilo e calculado.

Base. Quando não existe nenhum tipo de base de sustentação, é importante ao empreendedor refletir se isso não é indicativo da necessidade de adiar o negócio proposto, como um sinal. Dessa forma as estatísticas de fechamento de empresas terão chances de serem melhoradas, pois no Brasil 48,3% das empresas fecham suas portas após o terceiro ano de atividade (Fonte: http://saladeimprensa.ibge.gov.br/noticias?view=noticia&id=1&busca=1&idnoticia=2201. acessado em 18.07.14).

Sócios. Uma questão fácil de ser observada pelo pesquisador atento às movimentações de abertura e fechamento de empresas é com relação à formação de sociedades. Apesar de não haver dados estatísticos sobre este item, existe o fato de sociedades serem formadas forçosamente apenas para viabilizar o negócio idealizado. Nesse ponto as chances de fracasso acabam sendo maiores, se comparadas com as sociedades formadas através da real afinidade profissional ou de visão entre seus membros, e não apenas pela amizade ou por interesses espúrios. Tema a ser aprofundado no capítulo 8.

Plano B. É sempre importante ao empreendedor considerar um plano B, pois nem sempre a história será escrita como imaginamos. Ter um plano B garante maior segurança para ir fundo no negócio almejado, e caso tudo dê errado, nem tudo estará perdido.

Educação. O Brasil é um país onde a educação precisa ainda ser melhorada e levada a sério pelas autoridades. As escolas em geral, sobremaneira as públicas, carecem de qualificação no ensino. As ações governamentais pela educação ainda são mínimas, incentivando assim uma letargia de raciocínio, e a cultura do brasileiro precisa migrar do *"deixa a vida me* *levar*" para uma maior seriedade na administração do conhecimento. Maior conhecimento gera maior chance de empreender evolutivamente e os empreendimentos evolutivos culminam inevitavelmente em uma sociedade melhor.

Mudança. O empreendedor pode ser considerado um dos agentes dessa mudança, por não se contentar com sua situação de vida e buscar a mudança através da ação de criação de um novo negócio.

Qualificação. Nesse cenário, para obter sucesso no negócio almejado, mais uma questão precisa ser analisada pelo candidato a empreendedor: estou qualificado para ter sucesso nesse negócio? Possuo conhecimento suficiente para lidar com o sucesso ou preciso me qualificar mais?

Estatística. Infelizmente, 100% dos novatos pensam estarem preparados para o sucesso. Se há dúvidas com relação a essa estatística, pergunte ao primeiro empreendedor começando um negócio próprio que encontrar. E tire suas próprias conclusões.

Sustento. O vil metal, juntamente com o oxigênio, é sustentador da vida e da manifestação da conscin. No mundo capitalista, todos precisam de dinheiro para viver, comprar comida, pagar as contas e conviver em sociedade. O candidato a empreendedor possuidor de um emprego deve analisar com cautela a possibilidade de abandonar essa fonte de renda para tentar o sustento através de um negócio próprio.

Proéxis. A análise para tal decisão passa pela seguinte questão proéxológica: o que é melhor para minha proéxis nesse momento, garantir o sustento pessoal através de um emprego ou tentar um negócio próprio?

Foco. A decisão pessoal em empreender deve, acima de qualquer outro viés, possuir foco na autoevolução consciencial. Assim, é possível criar salvaguardas e fracassar menos nas escolhas pessoais.

Sereia. Não apenas aos empreendedores iniciantes, mas também aos gananciosos, a lenda do *canto da seria* é uma realidade no mundo dos negócios. Principalmente quando se possui algum dinheiro para investir, diversas oportunidades surgem. Muitas podem ser consideradas ideias assediadoras por desviarem a ação empreendedora do foco evolutivo. A análise da cosmoética e do impacto evolutivo do negócio a ser concretizado podem garantir a evitação do assédio ao empreendedor, e de ações capazes de comprometer a proéxis pessoal.

Fluxo. O negócio certo flui como água no leito do rio. Está sujeito a curvas e obstáculos, porém seu fluxo não requer força alheia a sua natureza. Muitos empreendedores podem não concordar com a seguinte afirmação, mas este autor, conforme pode ser observado no capítulo 16, possui motivos vivenciais para chegar a seguinte conclusão: quando um novo negócio requer muita força para ocorrer, pode não ser a hora certa de iniciá-lo.

Convergência. Em todos os aspectos de nossa vida devemos observar a convergência dos fatores. No caso pessoal, houve a oportunidade de montar dois negócios onde foi preciso grande adequação aos padrões externos para concretizá-los e os mesmos não foram bem sucedidos.

Energias. Apenas quando conheci mais sobre as bioenergias e pude observar o padrão energético positivo da ideia de negócio que estava tendo, recebendo em seguida banhos de energias confirmadores da positividade da ação a ser realizada, o negócio empreendido foi bem sucedido.

Questionologia. Para saber se o negócio a ser realizado está de acordo com o fluxo de vida do empreendedor, pode-se fazer o seguinte questionamento: *as condições para a formação do negócio estão ocorrendo concretamente ou algo está sendo forçado para a abertura da empresa, apenas para satisfazer o ego dos sócios?*

Decidologia. Através dessas reflexões, o futuro empreendedor poderá alcançar uma visão mais ampla sobre o empreendimento a ser inserido em seu momento de vida e possuirá condições de avaliar se realmente está disposto e disponível a se engajar em algo capaz de monopolizar seus pensenes.

Bibliografia

1. **Vieira,** Waldo; ***Manual dos Megapensenes Trivocabulares;*** *Editares;* 378p.; Foz do Iguaçu, PR; 2009; pág. 251.

2. **Dornelas,** José; ***Empreendedorismo: Transformando Ideias em Negócios;*** *Campus;* 260p.; São Paulo, SP; 2012; pág. 33 e 54.

3. **Leite,** Emanuel; ***O Fenômeno do Empreendedorismo;*** *Saraiva;* 362p.; São Paulo, SP; 2012; pág. 184.

Webgrafia

Disponível em: http://saladeimprensa.ibge.gov.br/noticias?view=noticia&id=1&busca=1&idnoticia=2201, acessado em 18.07.14.

7. O EV NOS EMPREENDIMENTOS PESSOAIS

Definição. "O *estado vibracional* (EV) é a condição técnica de dinamização máxima das energias do energossoma, além das vibrações lentas do soma, por meio da impulsão da vontade e Parametodologia específica, a fim de manter a Paraprofilaxia na autovivência cosmoética, evolutiva, da consciência" (Enciclopédia da Conscienciologia, 2013).

Realidade. O universo é composto apenas por duas realidades: *consciência* e *energia.* A consciência são os seres pensantes, além do corpo físico, utilizando este para a manifestação nesta dimensão. Energia é o resto, ou seja, tudo aquilo diferente da consciência. Para explicitar melhor: toda realidade existente na dimensão intrafísica é energia, exceto as consciências que a utilizam para se manifestar. Esse conceito pode ser compreendido através da célebre equação de Albert Einstein E=m.c2, onde energia é igual à massa vezes a velocidade da luz ao quadrado. Ou seja, toda massa é energia e o resto é consciência.

Multidimensionalidade. Porém, a manifestação na dimensão intrafísica, e portanto a atuação através do corpo físico, está inserida em dinâmica de manifestação multidimensional, pela inter-relação inevitável entre os veículos de manifestação: energossoma, psicossoma e mentalsoma. Segue abaixo definição detalhada de cada um deles:

A. Energossoma. O energossoma é o veículo energético, corpo da energias. Chamado também de holochacra, é responsável por unir o psicossoma ao corpo físico. Sua forma varia de pessoa para pessoa, se modificando de acordo com o estado de saúde ou doença. É capaz de ser observado através da clarividência pela visualização da aura bioenergética.

B. Psicossoma. O psicossoma é o corpo das emoções. É chamado de perispírito no espiritismo, sendo o veículo pelo qual a consciência se manifesta quando está dessomada, ou seja, quando a conscin desativa seu corpo físico e passa a viver na dimensão extrafísica. Sua forma normalmente reflete a do corpo físico.

C. Mentalsoma. O mentalsoma é o corpo do discernimento. É onde está sediada a consciência em sua essência. Quando avistado na dimensão extrafísica, é representado por bola de energia, não possuindo forma específica (VIEIRA, 2002, pág. 239).

Atuação. O empreendedor evolutivo, além de atuar com seu corpo físico no trabalho empresarial, se manifesta também através dos demais corpos, tal qual todas as conscins. Vale refletir, portanto, sobre a atuação energossomática no ambiente empresarial, e de que forma o empreendedor pode melhorar o resultado evolutivo do seu negócio através do ganho de lucidez sobre essa realidade.

Analogia. Para entendermos melhor a atuação do energossoma no intrafísico basta pensarmos em um aquário. A água ali contida é como as energias que nos cercam, onde qualquer movimento é capaz de alterar a dinâmica do aquário. Todavia, as energias intrafísicas funcionam e são mobilizadas através dos nossos pensamentos e sentimentos. Se estamos agitados, ansiosos ou raivosos, nossos pensamentos e sentimentos provocarão uma agitação das energias em nossa volta, como se estivéssemos mexendo a água do aquário até fazer marola. Se nossos pensamentos e sentimentos estão calmos, a energia se comportará da mesma maneira.

Interação. O estado de cada veículo de manifestação interfere no funcionamento dos demais. A homeostase e a patologia interagem entre os corpos. A saúde energética reflete na saúde física e vice-versa.

Intenção. De nada adianta um empreendedor possuir ***boa intenção*** para empreender. Se algo está patológico em determinado veículo, isso refletirá nos demais e pode prejudicar o bom andamento dos negócios.

Exemplologia. Segue abaixo 5 exemplos de discrepâncias entre o funcionamento dos veículos de manifestação do empreendedor evolutivo, com possibilidade de acarretar dificuldades, e até mesmo falência, nas atividades da empresa:

1. **Cognição.** Empreendedor com bom padrão de energias (energossoma) e boa saúde física (soma), além de certo grau de determinação para o trabalho, porém sem cognição suficiente para orientar os subordinados (mentalsoma), criando assim dificuldades para o bom gerenciamento da equipe. Está inserido em bom ramo de atividade, mas sem equipe para trabalhar. Acarretará, dessa forma, perdas à empresa pelo mau atendimento aos clientes (**traf*o*r energossomático e traf*a*r mentalsomático**).

2. **Autodefesa.** Empreendedor com boa capacidade parapsíquica (mentalsoma), porém sem autodefesa energética (energossoma). Apesar de saber o potencial do negócio, se sente constantemente cansado e desmotivado para o trabalho (**traf*o*r mentalsomático e traf*a*r energossomático**).

3. **Emocionalismo.** Empreendedor qualificado tecnicamente (mentalsoma) porém com dificuldades emocionais e rompantes de estresse (psicossoma), não tendo continuísmo nas tarefas do negócio (**traf*o*r mentalsomático e traf*a*r psicossomático**).

4. **Atenção.** Empreendedor motivado e qualificado tecnicamente (mentalsoma), porém possui déficit de atenção e hiperatividade (soma). Não é capaz de manter o foco de suas atividades, desorganizando constantemente a empresa (**traf*o*r mentalsomático e traf*a*r somático**).

5. **Afetividade.** Empreendedor qualificado e motivado (mentalsoma) e com boa saúde (soma), porém possui travões afetivos, com carências múltiplas em sua personalidade e dificuldade de convivência (psicossoma). Não consegue assim, montar boa equipe de trabalho (**traf*o*r mentalsomático/somático e traf*a*r psicossomático**).

EV. O Estado Vibracional é técnica capaz de equilibrar e melhorar o funcionamento de qualquer dos nossos veículos de manifestação, pois a reverberação da vibração energética instalada pela vontade decidida no energossoma, atinge tanto as células do soma quanto os pensenes.

Limpeza. É capaz de aumentar a lucidez pessoal pela mobilização energética realizada nos centros de energia do energossoma, os chacras, através dos quais interagimos constantemente com o meio onde nos manifestamos.

Técnica. A técnica consiste em realizar a simples tarefa de movimentar as energias do energossoma, da cabeça aos pés e dos pés à cabeça, realizando varredura de qualquer energia negativa presente. Quando as energias começarem a fluir livremente se dá o comando para vibrar todo o energossoma, instalando assim o estado vibracional (ver VIEIRA, 1994, pág. 348).

Empreendimento. A rigor, toda ação pessoal pode ser considerada um empreendimento, inclusive a instalação do EV. A vivência na dimensão intrafísica e o cumprimento da proéxis são os empreendimentos máximos de nossa existência.

Decidologia. Nos momentos críticos de decisão pela abertura ou não de um novo negócio, o EV pode ser útil em pelo menos 10 aspectos, listados abaixo em ordem alfabética:

01. Avaliação. Melhor análise sobre possível sociedade ou parceria.

02. Emotividade. Eliminação de emocionalismos.

03. Estrategiologia. Melhor compreensão sobre a estratégia a ser adotada.

04. Ideias. Criação de neossinapses, predispondo neoideias.

05. Influenciabilidade. Melhor detecção de influência amparadora ou assedia-dora.

06. Lucidez. Aumento da lucidez pessoal.

07. Parapsiquismo. Abertura de espaço para *insights* de amparadores.

08. Serenidade. Melhora do holopensene pessoal.

09. Sinalética. Predisposição à percepção de sinaléticas energéticas parapsíquicas.

10. Vigor. Desbloqueio dos chacras com consequente melhoria da vitalidade.

Influenciabilidade. A chegada do empreendedor no ambiente da empresa com as energias hígidas, ampliadas a partir da instalação de pelo menos 20 EVs por dia, e da pensenidade sadia, gera impacto positivo nos funcionários, influenciando o holopensene da empresa.

Produtividade. A atuação positiva, com discernimento, motivação e cosmoética do dono da empresa, cria uma reação em cadeia e gera ganho de produtividade. O ambiente de qualquer negócio precisa refletir bem-estar em quem está nele e, inevitavelmente, os subordinados trabalharão melhor ao se sentirem bem.

Carranca. De nada adianta cumprir toda a legislação trabalhista, possuir um produto excelente, construir instalações bonitas e modernas para a empresa, se o exemplo maior dos funcionários, seu chefe, não apresenta alegria, bom humor e motivação para o trabalho. O ambiente ficará ruim para todos. *Sejamos mais alegres. Carrancismo gera carrancismo. Sorrisos evitam carrancismos.*

Workaholism. A ânsia de sucesso pode levar muitos empreendedores a trabalhar horas sem parar, dormindo pouco e comendo mal, buscando dar o máximo de suas capacidades e de seu esforço para fazer o empreendimento alcançar o sucesso. Porém, nosso soma está programado para descansar. Além disso, existe o fator bioenergético, de estarmos absorvendo e doando energias constantemente, enquanto estamos interagindo com pessoas e ambientes.

Refazimento. A mudança de foco pensênico do empreendedor e a desassimilação energética através do EV permitirão o refazimento íntimo, extremamente importante para renovar a motivação e os atributos mentais necessários à boa condução do negócio. Para isso, é sempre necessário estar com o sono em dia e também reservar alguns horários para lazer e descanso fora do ambiente de trabalho (VIEIRA, 1994, pág. 226).

Conexões. Ao interagirmos no ambiente empresarial, estamos criando constantemente novas conexões bioenergéticas com conscins e consciexes.

Assistência. Maiores conexões podem gerar maiores possibilidades de prestar assistência. Essa dinâmica assistencial requererá maior nível de habilidades energossomáticas, e, nesse caso, o EV vem em primeiro lugar.

Base. Nesse quesito, fato importante é o empreendedor observar qual o local de poder em sua empresa. Normalmente um escritório é o local onde as pessoas irão procurá-lo, sejam funcionários, fornecedores ou quaisquer outras pessoas com interesses diversos. Deve ser local hígido energeticamente, sem bagulhos energéticos e onde o empreendedor deve trabalhar com mais intensidade suas energias para irradiá-las para o resto da empresa, desassediando a todos os envolvidos na organização.

Local. Alguns fatores devem ser observados para formação do local de poder do empreendedor, produtivo e homeostático, por exemplo, estes 10, listados em ordem alfabética:

01. **Decoração.** Inspiradora de novas ideias.
02. **Equipamentos.** Necessários ao negócio.
03. **Funcionalidade.** O aumento da produtividade.
04. **Limpeza.** Local limpo e arejado.
05. **Localização.** Adequada às necessidades da empresa.
06. **Luminosidade.** Adequada ao tipo de trabalho.
07. **Organização.** A evitação da entropia.
08. **Ruído.** Não incomodativo.
09. **Segurança.** Tranquilidade para o trabalho.
10. **Temperatura.** Confortável.

Discernimento. Qualquer assistência a ser prestada no contexto da empresa requer o trabalho com as energias, iniciando com o EV, para ampliar a racionalidade e discernimento. Não é incomum as pessoas tentarem se aproveitar da condição do empreendedor, ainda mais se for bem-sucedido e possuir influências sociais, para pedirem ajuda muitas vezes mal-intencionadas, levando-o a cometer erros e ilegalidades baseados no drama falso de outrem.

Pseudoassistência. Um fato a ser observado sempre é a pseudoassistência, quando o empresário pensa estar ajudando, mas está na verdade piorando a situação de quem vai lhe solicitar auxílio.

Seguro-desemprego. Penso ser o erro mais comum dos empreendedores nos dias atuais (Ano-base 2014) a concessão de um jeitinho para o empregado ter o benefício do seguro-desemprego oferecido pelo governo. Na condição de empreendedor, já recebi dezenas de pedidos para mandar funcionários embora para os mesmos se aproveitarem do seguro. Atitude ilegal e anticosmoética por parte do empresário.

Bancos. Um bom teste ao empreendedor e a qualquer pessoa para avaliar sua capacidade energética e o domínio do EV é entrar e ficar alguns minutos no ambiente de algum banco, de preferência um onde se possa interagir com o gerente ou funcionários. Pela função e *modus operandi* do sistema capitalista, o ambiente dos bancos é sugador de energias. No caso do empreendedor, é ainda mais crítico esse contato, pois ou ele necessita muito do banco (início do negócio) ou o banco necessita muito dele.

Profilaxia. Para não ser seduzido por ofertas bancárias prejudiciais ao negócio e poder manter a racionalidade e o bom relacionamento com o sistema financeiro, a sugestão é fazer EVs antes, durante e depois da entrada em qualquer banco, haja vista a necessidade inevitável de manter contato com os mesmos. Vale a pena ter sua própria experiência.

Responsabilidade. O ambiente de qualquer empresa na qual entramos reflete primeiramente o padrão de energias do seu dono. Para evoluir e termos sucesso ao mesmo tempo, o ambiente empresarial sob nossa responsabilidade deve propiciar bem-estar aos funcionários, aos clientes e em quem ali entrar. Quando pessoas saem de sua empresa sempre melhor do que entraram é sinal de existir um ambiente positivo e assistencial. Isso depende de fatores energéticos, extrafísicos e físicos de todo o conjunto de consciências envolvidas e também do ramo de atuação.

Bibliografia

01. Vieira, Waldo; ***700 Experimentos da Conscienciologia;*** 1.058 p.; 40 seções; 100 subseções; 700 caps.; 147 abrevs.; 1 cronologia; 100 datas; 1 *E-mail;* 600 enus.; 272 estrangeirismos; 2 tabs.; 300 testes; glos. 280 termos; 5.116 refs.; alf.; geo.; ono.; 28,5 x 21,5 x 7 cm; enc.; *Instituto Internacional de Projeciologia;* Rio de Janeiro, RJ; 1994; pág. 348.

02. Idem; *Projeciologia: Panorama das Experiências da Consciência Fora do Corpo Humano;* revisores Alexander Steiner; *et al.;* 1.254 p.; 18 seções; 525 caps.; 150 abrevs.; 17 *E-mails;* 1.156 enus.; 1 escala; 1 foto; 3 gráfs.; 42 ilus.; 1 microbiografia; 1 sinopse; 2 tabs.; 15 *websites;* glos. 300 termos; 2.041 refs.; alf.; geo.; ono.; 28 x 21 x 7 cm; enc.; 10a Ed.; *Associação Internacional Editares;* Foz do Iguaçu, PR; 2009; pág. 239.

03. Idem; *Enciclopédia da Conscienciologia Digital;* 11.034 p.; glos. 2.498 termos)verbetes; 192 microbiografias; 147 tabs.; 191 verbetógrafos; 8ª Ed. Digital; Versão 8.00; *Associação Internacional Editares; & Associação Internacional do Centro de Altos Estudos da Conscienciologia* (CEAEC); Foz do Iguaçu, PR; 2013; verbete Estado Vibracional.

8. FOCO EVOLUTIVO

Definição. De acordo com o dicionário Houaiss (2009) *foco* significa: "o ponto para o qual converge alguma coisa". O *foco evolutivo* ocorre quando o ponto de convergência da vida da conscin é a evolução consciencial, estando comprometida e dedicada à melhoria da autoconsciencialidade através de posturas maxifraternas.

Rumo. Barco sem rumo fica à deriva. Se desejamos resultados satisfatórios em nossos esforços nessa vida intrafísica, precisamos de foco, não importa qual área de ação.

Empreendimentos. Todo empreendimento, seja destinado a auferir lucro, ou relacionado a qualquer outro fim, pode ser ou se tornar evolutivo. Para isso, basta os envolvidos na empreitada agirem com foco evolutivo.

Minoria. Infelizmente, a maioria esmagadora das empresas em funcionamento no planeta Terra não possuem foco evolutivo em suas atividades. Para observar esse fato basta analisar a listagem de *100 categorias de gestores de empresas* relacionados direta ou indiretamente com o belicismo, citadas no tratado *Homo sapiens pacificus* do pesquisador Waldo Vieira (2007, pág. 371).

Consequência. Auferir lucro é uma necessidade inerente ao funcionamento de qualquer negócio, mesmo os sem fins lucrativos voltados exclusivamente à assistencialidade. O empreendedor interessado em criar um negócio evolutivo de sucesso deve focar suas energias nesse propósito e não em ganhar dinheiro rápido com seu empreendimento. O lucro acaba sendo uma consequência dos benefícios produzidos pela organização à sociedade.

Espontaneidade. Apesar de ser necessário foco e discernimento para gerir uma empresa com fins evolutivos, pode ocorrer de alguns empresários possuírem foco evolutivo em seus negócios de maneira espontânea, sem atentarem para o fato.

Acaso. Isso porém não ocorre ao acaso. Na totalidade dos casos ocorre devido ao nível de pensenidade cosmoética praticado pelos gestores da empresa, notadamente por seu fundador.

Atenção. Ter foco em algo não é tarefa difícil. Basta raciocinar sobre o assunto e dirigir as ações para o rumo desejado. A vontade é a força motriz da consciência e a intencionalidade seu direcionamento.

Estratégia. Para conduzir uma empresa de modo avançado, buscando manter foco evolutivo nos negócios, é necessário realizar periodicamente um planejamento estratégico detalhístico nas abordagens, e com constante verificação da cosmoética aplicada, considerando, entre outros, esses 10 fatores listados abaixo em ordem alfabética:

1. **Amarras grupocármicas.** O nível de interprisões conscienciais.

2. **Assedialidade.** A manifestação dos assédios conscienciais.

3. **Assistencialidade.** A necessidade de auxílio ao próximo.

4. **Cadeia produtiva.** A coerência da cadeia produtiva com o negócio evolutivo.

5. **Cápsula do tempo pessoal.** A repercussão do negócio nas próximas existências.

6. **CGC (código grupal de cosmoética).** O padrão sadio nas manifestações do grupo.

7. **Repercussões.** Os efeitos da ação empreendedora.

8. **Holopensene organizacional.** A instalação de ambiente sadio e agradável.

9. **Proéxis dos envolvidos.** A visão de conjunto proexológica.

10. **Público-alvo.** O público a ser alcançado com o empreendimento.

Básico. Em determinado momento, quando a autoconscientização pessoal quanto à Evoluciologia se torna acurada, o empreendedor percebe a necessidade de gerir sua empresa de maneira evolutiva do mesmo modo que percebe a necessidade de comer e beber.

Efeito. Isso ocorre pelo fato de todo e qualquer efeito gerado pela organização causar impacto em seu proprietário.

Gênese. Um negócio com foco evolutivo surge quando o empreendedor percebe a necessidade de aliar o ganho financeiro com padrões de manifestação cosmoéticos. Ou seja, quando se pensa evolutivamente também na forma de ganhar dinheiro.

Melin. Empreendedores convencionais com foco apenas em ganhar dinheiro rápido, se dispersam de fins evolutivos na medida da leniência pessoal com relação à cosmoética na atuação empresarial. Assim, chegam cada vez mais perto da melin (melancolia intrafísica) gerada pelo desvio da riqueza, adentrando pouco a pouco o universo da melex (melancolia extrafísica).

Rapidez. Uma conscin com múltiplas qualificações é capaz de possuir um grande potencial para a ação evolutiva, e ao mesmo tempo sofrer de dispersão devido à ânsia para achar uma melhor maneira de conseguir dinheiro rápido na empresa. O perigo nesse caso é a conscin desviar o foco e criar uma situação insustentável evolutivamente para si e também para a empresa, pelo simples fato de desejar resolver as coisas com rapidez.

Sobrevivência. Nesse mesmo contexto, pode-se encontrar algumas empresas capazes de sobreviver dezenas de anos possuindo negócios escusos, prejudiciais à sociedade, sem foco evolutivo e anticosmoético, com seus proprietários aparentemente levando uma vida feliz, repleta de bens materiais. Se isso ocorre, não seria o caso de partir para o caminho mais fácil?

Intraconsciencialidade. Obviamente a resposta é não. Para uma análise criteriosa, a questão é sempre observarmos a intraconsciencialidade das consciências envolvidas em negociatas através da aura energética. A conclusão do conscienciólogo atento poderá ser expressa pelo ditado popular: *"o crime não compensa"*.

Tranquilidade. A tendência do empreendedor evolutivo é ficar cada vez mais tranquilo e calmo intimamente, principalmente ao final da vida intrafísica. Isso, em consequência da certeza íntima, possível de ser expressa apenas pela própria conscin, de ter deixado rastros positivos por onde passou.

Melin. Já o empreendedor sem foco evolutivo, administrando negócios com bases egoicas, pode chegar ao final da vida com sintomas de melin (melancolia intrafísica) ao olhar para os feitos patrimoniais e observar não ser possível levar consigo após a dessoma. *Somos o que pensamos.*

Resumo. Foco evolutivo significa inteligência evolutiva. Empreender evolutivamente significa evoluir através da atividade empresarial, incluindo o ganho financeiro na execução da proéxis.

Bibliografia

1. **Houaiss,** Antonio; ***Dicionário Houaiss da Língua Portuguesa;*** versão digital; *Objetiva;* Rio de Janeiro, RJ; 2009; verbete evolução.

2. **Vieira,** Waldo; ***Homo sapiens pacificus;*** 1.584 p.; 413 caps.; 403 abrevs.; 434 enus.; 37 ilus.; 7 índices; 240 sinopses; glos. 241 termos; 9.625 refs.; alf.; geo.; ono.; 29 x 21,5 x 7 cm; enc.; 3a Ed. Gratuita; *Associação Internacional do Centro de Altos Estudos da Conscienciologia* (CEAEC); & *Associação Internacional Editares;* Foz do Iguaçu, PR; 2007; página 371.

9. CRESCENDO EMPREENDEDORISMO CONVENCIONAL–EMPREENDEDORISMO EVOLUTIVO

Definição. De acordo com o Dicionário Sacconi (2010) *crescendo* significa: "aumento progressivo em intensidade ou força; gradação; progressão crescente".

Transformação. De acordo com a *Empreendedorismologia*, em qualquer contexto empresarial é possível transformar um empreendimento convencional em empreendimento evolutivo, caracterizando desta forma um crescendo no padrão do negócio. A formação de um negócio evolutivo pode ocorrer também em qualquer fase do desenvolvimento da empresa, seja na implantação ou na maturação.

Evolução. Tudo no universo está sujeito a evoluir, mesmo os negócios patológicos. Toda empresa é capaz de melhorar cosmoética e evolutivamente, e muitas vezes isso é inevitável para sua própria sobrevivência.

Crescendo. Crescendo cosmoético significa melhoria evolutiva. A condição do empreendedor convencional é inferior à do empreendedor evolutivo do ponto de vista evoluciológico. Quando um empresário decide transformar sua empresa em um ambiente evolutivo, considera-se estar em crescendo evolutivo.

Citação. Para conseguirmos evoluir, uma postura fundamental é o abertismo consciencial. Até mesmo empreendedores convencionais possuem ideias evolutivas. O megaempresário estadunidense *Donald Trump*, em entrevista à revista Veja, fez a seguinte afirmação: "se você trabalha duro e de forma inteligente, vai alcançar um alto padrão". (**Weinberg,** Monica; ***Brasileiros me aguardem*;** Veja; Revista; Semanário; Seção: *entrevista*; 1 foto; São Paulo, SP; 19.02.14; página 16).

Tabela. Segue abaixo, em ordem alfabética, tabela com 10 temas comparativos, entre posturas convencionais e posturas evolutivas, para avaliação das atitudes capazes de melhorar o holopensene empresarial, e com isso tornar um negócio evolutivo:

TEMA	POSTURA EMPRESARIAL CONVENCIONAL	POSTURA EMPRESARIAL EVOLUTIVA
Ambiente de trabalho	Adequado à atividade	Holopensene assistencial
Atitude empresarial	Melhorar o negócio	Evoluir com o negócio
Controles de RH	Rígidos e punitivos	Análise caso a caso
Crescimento	Máximo possível	De acordo com a autoproéxis
Estratégia de negócio	Eliminar concorrentes	Criar parceiros evolutivos
Incentivo à equipe	Visando apenas lucro	Visando a hetero-consciencialidade
Leis Trabalhistas	Seguir as leis	Seguir as leis auxiliando os colaboradores
Lucro	Maximização dos lucros	Lucratividade cosmoética
Produto	Produto rentável	Produto saudável
Remuneração	Remunerar adequadamente	Dividir os lucros

Avanço. O acúmulo de experiências na fieira das ressomas sucessivas vai burilando o nível de evolução intraconsciencial. Com isso, os negócios também são burilados.

Cosmoética. A cosmoética deve balizar o início de qualquer negócio. Sem cosmoética nenhum empreendimento é capaz de ser evolutivo, mesmo sendo socialmente correto.

Gênese. Um negócio nasce evolutivo ou patológico. Pode nascer com fins evolutivos e boa intenção dos sócios, mas se tornar patológico por um desvirtuamento de propósitos, quando os benefícios materiais são priorizados em detrimento das ações evolutivas. Ao mesmo tempo, um negócio criado com fins anticosmoéticos é capaz de se tornar sadio na medida da reciclagem intraconsciencial dos fundadores, precisando para isso, muitas vezes, mudar o ramo de atividade.

Otimização. Obviamente, será muito mais fácil ao empresário adotar posturas evolutivas em seu negócio se o mesmo foi concebido em bases sadias. O negócio com bases patológicas pode estar fadado à falência desde o início de suas atividades.

Transformação. A experiência pessoal dos empreendedores importa sobremaneira na transformação de um negócio convencional para um empreendimento evolutivo. Um exemplo é quando há crises na empresa ou na vida pessoal do empresário, capazes de suscitar reflexões sobre a maneira mais cosmoética de conduzir o negócio e lidar com pessoas.

Consciências. Ou seja, o crescimento evolutivo de um negócio passa necessariamente pelo crescimento das consciências envolvidas em toda a sua cadeia.

Intermissiologia. Teoricamente, aos intermissivistas é mais fácil compreender as bases de um negócio evolutivo por terem estudado Evoluciologia durante o CI. Com isso, o fato de haver algum ex-aluno de CI em uma sociedade empresarial cria tendência a existir holopensene mais sadio, pelo estudo no intermissivo de questões relacionadas à cosmoética e à convivialidade sadia.

Melhoria. A melhor forma de uma empresa aprimorar suas ações, do ponto de vista evolutivo, é refinar, e ao mesmo tempo ampliar, a manifestação cosmoética de seus dirigentes e funcionários, a partir do exemplarismo dos próprios empreendedores. Nesse caso, as consultorias externas pouco adiantam, pois o reflexo das energias dos proprietários do negócio será sempre mais presente se comparado a um consultor externo.

Dicotomia. No universo da Evoluciologia não podem ser considerados como sinônimos o crescendo evolutivo empresarial e crescimento empresarial. Os conceitos podem ser excludentes, podendo uma empresa estar atuando evolutivamente e ao mesmo tempo suas atividades empresariais estarem em declínio. O contrário também se mostra verdadeiro.

Desenvolvimento. O mais comum é empreendedores se desenvolverem ao longo de erros e acertos na caminhada empresarial, até concretizarem a engrenagem de um negócio evolutivo.

Bibliografia

1. **Weinberg,** Monica; ***Brasileiros me aguardem*;** Veja; Revista; Semanário; Seção: *entrevista*; 1 foto; São Paulo, SP; 19.02.14; página 16

10. TÉCNICAS DE EMPREENDEDORISMO EVOLUTIVO

Definição. O termo *técnica*, no escopo do empreendedorismo evolutivo, é um conjunto de ações e procedimentos ligados à atividade empresarial, otimizadoras e potencializadoras da evolutividade do ambiente empresarial.

Empreender. Empreender evolutivamente significa agir em prol da evolução pessoal e das consciências afins. Isso, também nos ambientes profissionais, quando a necessidade de ganhar dinheiro e atender as demandas intrafísicas forem prementes.

Consciencialidade. Ter um negócio e fazer o bem para o planeta é uma forma de evolução social, onde milhares de conscins estão inseridas no dia a dia. Todavia, empreender evolutivamente requer do empreendedor algo além de criar um negócio positivo e saudável ao planeta.

Abertismo. Ou seja, é necessário criar uma empresa com as portas abertas à multidimensionalidade, fora dos padrões materialistas monopolizantes. A dimensão intrafísica é mero cenário, inevitável à nossa evolução consciencial, e passageiro.

Objetivo. As técnicas apresentadas aqui, tem como objetivo fornecer subsídios para o empreendedor transformar um negócio convencional em negócio evolutivo, quando aplicadas de maneira lúcida e com discernimento cosmoético.

Efeitos. Qualquer ação produzida na dimensão intrafísica gera efeitos no holossoma. Segue abaixo, em ordem alfabética, 10 efeitos da prática do empreendedorismo evolutivo, considerando os múltiplos veículos de manifestação consciencial:

1. **Assistência.** Criação de conceptáculo assistencial para o empreendedor, tendo a empresa como base.

2. **Autoconhecimento.** Ampliação do autoconhecimento.

3. **Bioenergética.** Experimentação bioenergética através do contato com clientes, funcionários e fornecedores.

4. **Crises.** Vivência de crises de crescimento, não de estagnação.

5. **Erudição.** Maior erudição pelo desenvolvimento de neoideias.

6. **Estabilidade.** Equilíbrio econômico-financeiro.

7. **Rede.** Ampliação da rede de relacionamentos positiva.

8. **Referência.** Geração da *conscin-referência*, ampliando o nível de *rapport* consciencial.

9. **Tares.** Desenvolvimento de oportunidades para disseminação do conhecimento, através da experiência empresarial.

10. **Teática.** Estabelecimento de ambiente para aplicação da teoria na prática.

Tecnologia. Segue abaixo 20 técnicas para desenvolvimento do empreendedorismo evolutivo, acessíveis a qualquer interessado em ampliar os horizontes da prática empreendedora, seja empresarial ou não, com suas respectivas explicações e orientações práticas:

1. **Técnica de aplicação da cosmoética.** Refletir e raciocinar constantemente, em qualquer situação, através de autoquestionamentos simples, se a cosmoética está sendo aplicada. Evita-se com isso possíveis falhas desnecessárias na conduta pessoal e cria profilaxia para ações futuras.

2. **Técnica de seleção das companhias.** Selecionar as companhias de convívio, priorizando aquelas capazes de agregar valor ao microuniverso consciencial pessoal, notadamente os colegas de *Curso Intermissivo*, dispensando as desinteressadas na evolução consciencial.

3. **Técnica de mobilização energética na empresa.** Trabalhar as energias de modo ativo na empresa, procurando

desfazer possíveis focos de assédios e energias gravitantes negativas, através do EV e da exteriorização de energias.

4. **Técnica do local de poder.** Estabelecer local de poder, usado prioritariamente pelo empreendedor, onde será possível, além de trabalhar as energias, atender as demandas diárias e receber pessoas, garantindo assim segurança e sanidade energética ao local. É o local de assistência dentro da empresa.

5. **Técnica da valorização do traf*o*r.** Buscar sempre foco no traf*o*r de todos os envolvidos na dinâmica empreendedora, procurando estabelecer ambiente positivo e sadio, incitando dessa forma conscins e consciexes a valorizarem o melhor em si.

6. **Técnica de disseminação do conhecimento.** Valorizar o conhecimento na empresa através do estímulo ao estudo, leitura e debates, financiando livros, palestras e encontros capazes de beneficiar os funcionários e também a sociedade.

7. **Técnica de dividir para multiplicar.** Buscar dividir os resultados e as conquistas com todos os envolvidos para fomentar a motivação e o senso de equipe, gerando sinergia no alcance de novas metas em ambiente de alegria, satisfação e esforço contínuo.

8. **Técnica da Paradiplomacia.** Amenizar sempre os conflitos através do foco na resolução e no apaziguamento de desavenças, nunca colocando lenha na fogueira, sempre sendo o algodão entre os diamantes.

9. **Técnica da auto-organização diária.** Estabelecer rotina organizada e disciplinada, atendendo prontamente os compromissos necessários do empreendimento, sobrando assim mais tempo ao raciocínio e menos para consertar erros de desorganização.

10. **Técnica da assistência social.** Agregar valor social ao trabalho empresarial, prestando assistência à comunidade na qual a empresa está inserida.

11. **Técnica do rastro saudável.** Buscar sempre o rastro positivo da atitude empreendedora, desfazendo quaisquer mal-entendidos, ampliando assim o *rapport* com o maior número possível de consciências.

12. **Técnica do posicionamento cosmoético.** Posicionar-se, não sendo cúmplice de atitudes anticosmoéticas, evitando assim criação de amarras grupocármicas.

13. **Técnica da agressividade sadia.** Agir de maneira enérgica, firme e decidida na condução da equipe, criando ao mesmo tempo ambiente aberto ao diálogo, aos *feedbacks* e às heterocríticas.

14. **Técnica da minimização dos problemas.** Abordar temas de maior complexidade com o foco anticatastrófico, focando na minimização da problemática e na maximização da solucionática.

15. **Técnica da descentralização dirigida.** Primar pela diminuição do trabalho braçal (quando possível) através da descentralização de tarefas não dependentes do empreendedor, estando atento à direção geral, e não ao micro detalhe capaz de consumir a força criativa.

16. **Técnica da valorização do mentalsoma.** Valorizar continuamente o mentalsoma na empresa, buscando criar hierarquia horizontalizada, onde todos são capazes de agregar ideias ao empreendimento evolutivo, e não apenas "apertar parafusos".

17. **Técnica da descontração produtiva.** Aproveitar momentos de descontração entre a equipe para transmitir orientações sérias, de maneira leve e espontânea, valorizando assim a capacidade evolutiva dos colaboradores a todo momento.

18. **Técnica da *glasnost*.** Criar ambiente de acareações produtivas entre os colaboradores e sócios, não deixando espaços para fofocas e intrigas ao colocar as divergências entre as equipes às claras, compartilhando a solução com todos.

19. **Técnica do auxílio externo.** Estar predisposto a convidar algum outro empreendedor evolutivo, com notável experiência na área, para ampliar os horizontes da empresa, seja em desafios ou novos projetos, quando necessário.

20. **Técnica da noite de sono.** Ao se deparar com questão crítica, problema grave ou decisão a ser tomada na empresa, se permitir uma noite a mais de sono, e a prática de um dia a mais de tenepes, para ampliar os canais de inspiração com o amparo, buscando assim a melhor solução.

DPF. Na formação do negócio evolutivo, nenhuma das técnicas citadas acima é válida sem o desenvolvimento dos trafores contidos no seguinte megapensene trivocabular: *determinação-persistência-foco.*

Descrédito. Principalmente no início, no momento de montagem do negócio, é natural encontrar pessoas desacreditando a iniciativa empreendedora. Alguns por inveja, outros por falta de experiência e quem sabe, um ou outro, com a intenção de realmente auxiliar o novo empreendedor. Por isso, é importante possuir *determinação*, *persistência* e *foco* procurando enxergar os erros, e corrigi-los o mais rápido possível, para não compor as estatísticas dos fracassados.

Lógica. O mais sério é estar atento quando *todos* à volta desacreditam o negócio. Por isso é valido fazer constantemente a pergunta mentalmente: *minha ideia de negócio tem lógica? Para quê?*

11. SINCRONICIDADE EMPREENDEDORA

Definição. *Sincronicidade* é a série de acontecimentos intraconscienciais e extraconscienciais ligados diretamente ao momento pensênico da conscin, de maneira sincrônica, demonstrando maior amplitude da realidade na qual está inserida pela interligação inteligente do microuniverso intraconsciencial com o macrocosmo.

Lucidez. Ao empreendedor evolutivo é de suma importância estar atento às sincronicidades parapsíquicas no desenvolvimento das ações empreendedoras. A lucidez quanto ao sincronismo do cosmos pode auxiliar na profilaxia de erros dispensáveis e aumentar a probabilidade de acertos.

Definição. A *sincronicidade empreendedora* é o conjunto de ocorrências relacionadas diretamente com o empreendimento evolutivo e as atitudes do empreendedor, compondo momentos, eventos, encontros, ideias e sinais sincrônicos.

Jung. O precursor dos estudos sobre o tema sincronicidade foi o psicólogo suíço Carl Gustav Jung (1875-1961). Em seu livro, de mesmo título, considera "*...a sincronicidade como uma relatividade do tempo e do espaço condicionada psiquicamente*" (2005, pág. 14).

Conscienciologia. A Conscienciologia expandiu a ideia de sincronicidade de Jung através dos conceitos de energia consciencial (EC), energia imanente (EI) e holopensene. Para Jung, os eventos sincrônicos ocorridos quando se está envolvido em algum assunto, a exemplo do peixe falado na pág. 09 de seu livro, mesmo acontecidos em grande escala, seriam *acausais,* possuindo relação específica com o psiquismo da pessoa, sem causa determinada.

Causa. Para a Conscienciologia, esses eventos sincrônicos possuem causa específica nos holopenses pessoais, atratores de tais acontecimentos, através da expansão das energias conscienciais.

Citaciologia. O parágrafo abaixo, extraído do livro Sincronicidade, mostra a síntese do pensamento Junguiano sobre o tema (Jung, 2005, pág. 14):

"...é impossível com os recursos atuais, explicar a *extra-sensory perception,* isto é, a coincidência significativa, como sendo um fenômeno da energia. Isso elimina a explicação causal, porque os "efeitos" não podem ser entendidos senão como um fenômeno de energia. Por isso não se pode falar de causa e efeito, mas de uma coincidência no tempo, uma espécie de *contemporaneidade*. Por causa do caráter dessa simultaneidade escolhi o termo *sincronicidade* para designar um fator hipotético de explicação equivalente à causalidade".

Proéxis. O acerto ou erro em determinado empreendimento pode fazer grande diferença no encaminhamento da proéxis pessoal. Por isso, quando há vontade cosmoética na busca dos acertos, todo e qualquer sinal capaz de predispor aumento de lucidez se mostra relevante.

Subsídio. Para o empreendedor evolutivo, seja em seu dia a dia ou no desenvolvimento de novo projeto, a compreensão das sincronicidades surge tal qual subsídio para a tomada de decisões.

Conteúdo. O conteúdo de qualquer fenômeno deve ser observado, analisado e compreendido para gerar autocrítica com relação às conclusões sobre o acontecimento e aos passos a serem seguidos no futuro.

Ansiedade. Ao empreendedor iniciante, desejoso de concretizar o mais rápido possível seu pé-de-meia, pode sobrevir um estado de ansiedade e expectativa sobre qual tipo e de que forma iniciar um empreendimento evolutivo. A análise das sincronicidades, e consequentemente, o maior entendimento do contexto vivenciado, é capaz de predispor segurança íntima para as primeiras investidas.

Caminho. Tal análise pode também demonstrar o melhor caminho a ser seguido, evitando assim experiências de fracasso logo no início da vida.

Característica. A característica principal da sincronicidade, conforme compreendida pela Conscienciologia, é a ocorrência de eventos diversos, unidos em torno de um mesmo assunto. Um exemplo muito comum com autores conscienciológicos é estar pesquisando e escrevendo sobre determinado assunto, e inesperadamente receber de presente um livro relacionado ao assunto, mesmo não tendo divulgado ainda seu tema de pesquisa. Em muitos casos, o presente vem acompanhado de um banho de energias positivas.

Exemplologia. De acordo com o amplo universo de pesquisas da *Conscienciologia*, as sincronicidades podem variar de acordo com a qualidade e o tipo de evento. Segue abaixo, em duas colunas, quadro comparativo entre exemplos de eventos componentes de experiências sincrônicas sadias e patológicas, para entendimento prático do assunto:

SINCRONICIDADE SADIA	SINCRONICIDADE PATOLÓGICA
Banho de energias de amparador	Acoplamento assediador
Presente útil	Presente carregado com energias patológicas
Leitura de palavra inspiradora	Lacuna de ideias
Encontro com amparador	Encontro com assediador
Convite para evento sobre o assunto estudado	Desencontros múltiplos
Ressonância com interlocutores	Falta de compreensão de quem está à volta
Facilidade para agregar pessoas e assuntos	Dificuldades no desenvolvimento de projetos
Sinalética parapsíquica	Sensações e sinais malcompreendidos
Projeção lúcida esclarecedora	Recesso projetivo
Heureca	Labirinto pensênico

Constatação. Ao empreendedor atento é inevitável constatar: as sincronicidades são um fato. Somente os obnubilados são incapazes de enxergar.

Qualificação. Conforme demonstrado no quadro anterior, há sincronicidades amparadas e sincronicidades assediadas. Apenas a autolucidez do experimentador é capaz de discernir uma da outra. A troca de ideias com parapsíquicos pode ajudar a avaliar caso a caso.

Negócios. As sincronicidades podem ser compreendidas por um conjunto de ocorrências demonstrando fatos. Nos negócios são setas apontando em diversas direções.

Vantagem. No projeto e execução de um novo negócio, o fato de estar atento às sincronicidades permite ao empreendedor vantagem competitiva sobre o fracasso, pois ao compreender as sincronicidades a sua volta pode enxergar melhor qual caminho suas próprias ações estão tomando.

Acidentes. Uma variante das sincronicidades, de suma importância para se compreender a possibilidade de fracasso de um negócio, é a constatação de acidentes de percurso. Caso o empreendedor esteja no desenvolvimento, ou mesmo no dia a dia de seu empreendimento, e ocorram acidentes consigo, ou com terceiros a sua volta, por exemplo batidas, resvalos, fraturas, quebras de objetos, tropeções, entre outros, cabe questionar se a iniciativa está amparada ou assediada.

Assédio. Negócios envolvendo puro hedonismo a exemplo de bares, cassinos, discotecas, esportes radicais e qualquer outro de caráter anticosmoético, farão o holopensene do empreendedor, cheio de boas intenções, ficar assoberbado com consciexes energívoras assediadoras. Dessa forma, não será possível estabelecer um negócio evolutivo.

Reposicionamento. Nesses casos, e em outros mais sutis, a atenção às sincronicidades fará o interessado bem-intencionado repensar suas investidas.

Contra fluxo. Ao mesmo tempo vale lembrar o fato de um negócio assentado em bases cosmoéticas, com caráter evolutivo, não estar imune às investidas de assediadores e aos contrafluxos naturais de qualquer atividade sadia, em um planeta ainda *hospital.*

Percentual. Importante é sempre saber qual o percentual de amparo ou assédio existe nas investidas do empreendedor evolutivo. A seguinte pergunta, simples e direta, é sempre útil: *há mais amparo ou mais assédio no que estou fazendo?*

EV. O domínio do Estado Vibracional é peça chave para a compreensão das sincronicidades sadias e conexão com o amparo de função para qualquer atividade assistencial.

Importância. Já mencionado o fato relevante no conhecimento e compreensão das sincronicidades está na avaliação mais acurada do melhor caminho a seguir, principalmente em momentos decisivos. Assim, o empreendedor atento pode ficar cada vez mais próximo do compléxis.

Bibliografia

1. Jung, Carl Gustav; ***Sincronicidade;*** Trad. Pe. Dom Mateus Ramalho Rocha; *Editora Vozes;* 110p.; Petrópolis, RJ; 2005; págs. 09 e 14.

2. Pieri, Paolo Francesco; ***Dicionário Junguiano;*** Trad. Ivo Storniolo; *Editora Vozes;* 564p.; São Paulo, SP; 2002; verbete sincronicidade.

12. VOLUNTARIADO, UM ALIADO

Definição. Voluntário é a conscin prestando algum tipo de trabalho intrafísico não remunerado, doando seu tempo e suas habilidades de maneira espontânea em prol de alguma causa.

Importância. Ao conhecermos de perto a personalidade de um empreendedor convencional é comum observar sua total dedicação à vida dos negócios e seu envolvimento completo com os bens materiais e a renda dele auferida. As entrevistas, fonte de pesquisa para este livro, geraram a oportunidade de entrevistar alguns e as respostas são muito parecidas. Os pais de família costumam depositar toda a responsabilidade de sua dedicação e "sofrimento" ao trabalho nos filhos e na esposa, dizendo serem eles a razão de todo o seu esforço.

Desculpa. Simplesmente não observam estarem encontrando uma desculpa para não olharem seu nível de egoísmo, pois, de acordo com a Assistenciologia, quando se presta assistência não é necessário colocar a responsabilidade em ninguém.

Gênese. Essa postura ocorre principalmente devido ao fato de não haver autoconscientização multidimensional quanto à vida extrafísica e responsabilidade íntima em evoluir.

Evolutividade. Já a postura do empreendedor evolutivo é mais avançada. O fato de conseguir conciliar toda a atividade de seu empreendimento com o trabalho assistencial, preferencialmente através da tares no voluntariado, demonstra isso.

Cérebro. De acordo com o livro *O Insubstituível Cérebro*, o ato de fazermos atividades diferentes do convencional, e tirar o foco de atenção de algum problema, pode fazer o cérebro trabalhar de modo diferente e predispor a geração de novas ideias (Ferrarezi, 2012, pág. 32).

Holopensene. Uma atividade prazerosa fora do ambiente de trabalho é capaz de gerar maior predisposição ao empreendedor para as tarefas corriqueiras, exigidas inevitavelmente na construção de um empreendimento.

Voluntariado. Nesse sentido, o voluntariado tarístico é a ferramenta ideal para balancear as atividades do empreendedor. Permite doar tempo e conhecimento para auxiliar outras pessoas na obtenção de maior discernimento evolutivo. Na vida precisamos de equilíbrio em tudo. O radicalismo não apresenta solução para problema algum. Mudar o foco e se doar sem pensar em dinheiro, faz o empreendedor se desprender de seu egocentrismo e *oxigena* os pensenes, permitindo melhor tomada de decisões.

Holopensene. A mudança de holopensene permite a descompressão de ideias recorrentes, causando afluxo natural de neoideias ao empreendedor.

Escolhas. É comum muitos empreendedores depositarem seus momentos de distração na prática de esportes. Isso é ótimo e saudável, desde que não sejam esportes radicais. A vida é sempre mais importante se comparada a alguns pequenos momentos de liberação de adrenalina.

Jogatina. Outros, impulsionados pela ganância, depositam os momentos de lazer em cassinos ou casas de jogo, regados a bebidas alcoólicas e tabaco. Nesse caso, ao invés de buscarem ambientes e atividades capazes de oxigenar o cérebro e melhorar as bioenergias, se distraem na patologia. Ficam assim, cada vez mais próximos dela.

Ideal. Ao empreendedor evolutivo, além de cuidar de todas as atividades necessárias à boa vida, como alimentação equilibrada, prática de atividades físicas, sono adequado e trabalho com as bioenergias, o impulso íntimo da responsabilidade assistencial, muitas vezes absorvido diretamente do CI, incita-o a fazer algum tipo de assistência. Ganhar dinheiro apenas acaba ficando sem graça. É preciso ajudar o próximo.

Paradoxo. Paradoxalmente, o fato do empreendedor sair de seu ego e pensar no próximo, atrai naturalmente mais oportunidades de ser bem-sucedido nos negócios.

Lógica. Raciocinando logicamente, cabe a pergunta: *quem deseja ficar longe de uma pessoa benfeitora, de boa índole, hábil* *no trato interpessoal e na resolução de problemas, pensando sempre em ajudar o próximo?*

Oportunidades. Oportunidades surgem a esse tipo de conscin, da mesma forma que desaparecem da frente de quem é negativo e só pensa em si. Porém, é sempre necessário lembrar o fato de os benefícios da assistência surgirem por linhas transversas, não sendo um simples fato de causa e efeito direto.

Bondade. Ou seja, é necessário ser bom na essência. Assim o empreendedor desenvolverá habilidade de, ao mesmo tempo, trabalhar em prol de sua atividade empresarial e também assistir aos a sua volta, recebendo os refluxos da assistência tarística.

Amparo. Ao adotar postura assistencial, honesta, sincera, cosmoética, definida e abrangente, na empresa e na vida em geral, o empreendedor naturalmente se abrirá para o contato com o amparo de função. Esse canal aberto criará predisposição para neoideias avançadas.

Intencionalidade. Para deixar bem claro, a intenção ao colocar a assistência sobre esse ângulo não é aumentar os lucros da empresa. Mas sim criar reflexões aos empreendedores. Apenas a experiência pessoal poderá gerar a compreensão exata do tema.

Potencialização. Quando o empreendedor consegue aliar sua rotina empresarial com a convivência em ambiente assistencial, potencializa sua manifestação na essência das ideias do CI. Onde há assistência, há amparo.

Rede. A rede de relações positivas conquistadas em atividades assistenciais com base no voluntariado pode, inclusive, ampliar a rede de amizades e influências na socin, gerando círculo virtuoso de amizades pró-evolutivas.

Conscienciologia. No voluntariado conscienciológico é possível ter contato direto com conscins afinizadas aos processos parapsíquicos tarísticos, as quais poderão auxiliar o empreendedor na superação de dificuldades através da troca de experiências.

Pensenidade. Ao minimizar a atuação puramente egoica, ajudando o próximo, o empreendedor abre sua pensenidade para novas possibilidades de atuação na vida intrafísica. Ou seja, deixa de viver uma *vidinha* para cumprir sua *proéxis.*

Advertência. Nesse ponto cabe uma advertência: inexiste negócio assistencial visando lucro. Quem visa lucro é a empresa convencional. Qualquer atividade assistencial cosmoética se fundamenta no voluntariado.

Bibliografia

1. **Ferrarezi,** Eugênio; ***O Insubstituível Cérebro - Manual do Proprietário;*** *Ed. Qualitymark;* 156p.; Rio de Janeiro, RJ; 2012; pág. 32.

13. EMPREENDEDORISMO ASSISTENCIAL

Definição. Empreendedorismo assistencial é toda e qualquer ação consciencial visando auxiliar, amparar, confortar, cooperar, esclarecer, ensinar ou acudir outra consciência, subumano ou princípio consciencial, não importando o meio empregado para isso, obedecendo sempre às leis da cosmoética.

Sinonímia. O empreendedorismo assistencial pode ser considerado sinônimo de empreendedorismo evolutivo, pois requer uma ação (empreender) e uma qualificação (evolutivo e assistencial) semelhantes entre si. Na prática, pode-se dizer que todo empreendedor evolutivo é também um empreendedor assistencial.

Assistência. Não se pode conceber um empreendedor evolutivo sem conceber assistência em seus atos empresariais, sejam estes administrativos, operacionais ou estratégicos. Quando o empreendedor consegue se envolver em holopensene assistencial, assistindo algum tipo de consciência, e incluí-lo no materpensene da empresa, está sendo evolutivo e assistencial ao mesmo tempo.

Tarefas. Muitas vezes, nas mínimas tarefas, essa assistência pode ser realizada, e até mesmo silenciosamente, quando por exemplo, o empreendedor trabalha suas energias para limpar a psicosfera de seus funcionários no início do turno de trabalho, proporcionando aos mesmos mais bem-estar.

Holopensene. O holopensene sadio instalado pelo empreendedor interessado não apenas no dinheiro, no cifrão ou na riqueza, mas também em tornar a empresa um agente de mudança intrafísica, é capaz de assistir a funcionários, clientes e fornecedores devido ao contato com as energias positivas.

Positividade. Em comunex evoluída não se consegue errar, pois o ambiente eleva as manifestações de todos para melhor. A meta de qualquer empresário interessado em evolução é instalar na empresa ambiente onde as pessoas se manifestem através de suas melhores características, influenciadas positivamente pelas energias do local. *O holopensene evoluído extratifica o acerto* (Waldo Vieira, 17.08.13 – Círculo Mentalsomático).

Ciclo. Isso pode ocorrer devido ao *ciclo de positividade* mantido pelo empreendedor inteligente, resumido nas seguintes ações, enumeradas horizontalmente em ordem lógica: *EV – pensenidade cosmoética – bem-estar pessoal – homeostase do ambiente de trabalho – contaminação positiva dos colegas – propagação da energia positiva da empresa – instalação de holopensene sadio na empresa – benefício a todos em contato com a empresa.*

Início. A experiência conduz ao aprimoramento. À medida que amplia o sucesso na empresa se faz necessário criar também maiores condições de aprimorar a assistência a ser prestada pelo conjunto de atividades envolvidas no holopensene da empresa. Um negócio recém-criado, normalmente, possuirá caixa reduzido e foco do empresário nas bases da operação. Já um negócio maduro, com por exemplo mais de 5 anos de funcionamento, tende a liberar o espaço mental do empreendedor, e também seu bolso, para pensar mais em assistência.

Evoluciologia. O ambiente do dia a dia empresarial oferece diversas oportunidades assistenciais a todos os envolvidos na organização pelo simples fato de estarem em contato direto e amplo com pessoas das mais diversas características conscienciais. Ao empresário será possível atuar ao modo de um evoluciólogo ao interagir com seus subordinados, pois a tendência será sempre os funcionários solicitarem ajuda ao chefe quando precisarem de algo.

Exemplarismo. O exemplarismo da chefia nesse caso potencializará o apreço dos empregados pelo patrão, criando possibilidades de *rapport* mais intenso e a instalação de ambiente homeostático e hígido para manifestação de todos.

Requisição. Ao empreendedor evolutivo é de extrema relevância prestar assistência direta aos seus funcionários apenas quando solicitados pelos mesmos ou indicado pelo amparador de função. Essa cautela é necessária pelo fato de haver ampla ascendência social sobre os mesmos, podendo acarretar equívocos e confusões desnecessárias. Dificilmente um funcionário com pouca instrução e passando por dificuldades emocionais recusará o oferecimento de, por exemplo, um arco voltaico a ser realizado pelo seu patrão. Não existe *rapport* forçado. Se não há solicitação explícita, o melhor a fazer é trabalhar as energias silenciosamente.

Liderança. Naturalmente, empreendedorismo é sinônimo de liderança. Empreendedorismo evolutivo é sinônimo de liderança assistencial. De acordo com estas máximas, pode-se chegar a 2 conclusões:

1. **Líder.** Empreendedor evolutivo é igual a líder assistencial.
2. **Assistência.** Empreendedorismo evolutivo é igual a assistência interconsciencial.

Lucro. Não é preciso ser pesquisador, nem sequer fazer extensa enquete para constatar o fato de a maioria esmagadora dos empresários pensar exclusivamente no lucro em suas atividades empresariais. Muitas vezes deixam de lado o convívio com a família e amigos e até mesmo atividades do próprio gosto, a exemplo de esportes e lazer, e focam na criação de benefícios materiais promotores de *status social* e reforçadores da autoimagem idealizada na socin, de riqueza e poder.

Aposentadoria. Esses mesmos trabalhadores, incansáveis na promoção egoica do *status social*, pensam muitas vezes em aposentar-se e focar suas atividades na educação dos filhos e no autoconhecimento. Porém, quando esse tempo chega já estão idosos e apresentam inúmeras comorbidades, conquistadas pela vida estressada. Nesse momento, os filhos já cresceram e a vida passou.

Sociedade. Outro fato esquecido pelos empreendedores egoístas é que apesar de terem criado a empresa com suas próprias mãos, e terem conquistado seu espaço com mérito, estão vivendo em sociedade. Fato esse considerado relevante quando analisamos a impossibilidade de haver uma empresa isolada do mundo. Portanto, para a empresa evolutiva, quanto melhor estiver o mundo e seus habitantes, naturalmente melhor estará a empresa.

Ajuda. Uma outra questão é o fato de o empreendedor, mesmo aquele com foco exclusivo no cifrão, não obter sucesso sem a ajuda de alguém. É sempre mais inteligente retribuir a assistência recebida ampliando o ciclo assistencial, ao invés de se fechar em si mesmo.

Insucesso. Ao refletirmos não é difícil constatar, pela ordem lógica dos fatos, ser o egoísmo fórmula inevitável do insucesso, material e evolutivo. Porém, o leitor pode conhecer diversos egoístas em boas condições financeiras, e então pergunta-se: até quando? *Quem não divide, não multiplica* (ditado popular).

Como. Em cursos e palestras sobre o tema muitas vezes fui questionado: como fazer assistência? Cada caso é um caso. Porém, a melhor resposta é sempre: não importa, apenas faça e avalie os resultados.

Discernimento. Fator crucial em toda ação assistencial é discernir. O discernimento assistencial evita o fracasso. Muitos empresários comentam sobre a assistência prestada aos funcionários e devolvida com ingratidão, inclusive através de ações judiciais. A análise de cada situação, com calma, a utilização do cérebro ao invés do coração, e o trabalho com as energias, é de fundamental importância para o acerto em qualquer ação assistencial. *Quem tem pena se despena* (ditado popular).

Silêncio. Muitas vezes prestar assistência é saber ouvir e não agir.

Meio. A noção clara do papel social do dinheiro e da impossibilidade de viver hoje sem ele é de fundamental importância para compreender ser o mesmo, *meio* e não *fim* no processo evolutivo, qualificando a ação assistencial do empreendedor.

Trinômio. Um pé-de-meia em construção através de negócio estável, funcionando em bases cosmoéticas, mesmo para o inversor evolutivo iniciante na vida intrafísica, é capaz de predispor ao trinômio ideal do ponto de vista do empreendedorismo evolutivo: *dinheiro-assistência-autoevolução.*

Denominação. A rigor, toda ação assistencial pode ser considerada um empreendimento assistencial a ser realizado pelo empreendedor especializado em assistência, não importando se o mesmo tem empresa própria, é funcionário ou mesmo aposentado. Agir em prol da assistência é o requisito básico para denominar alguém empreendedor assistencial evolutivo.

Oportunidades. As oportunidades assistenciais são como as empresariais. Estão a nossa disposição, basta enxergar.

Bibliografia

1. **Vieira,** Waldo; ***700 Experimentos da Conscienciologia;*** 1.058 p.; 700 caps.; 147 abrevs.; 600 enus.; 8 índices; 2 tabs.; 300 testes; glos. 280 termos; 5.116 refs.; alf.; geo.; ono.; 28,5 x 21,5 x 7 cm; enc.; Instituto Internacional de Projeciologia e Conscienciologia (IIPC); Rio de Janeiro, RJ; 1994; página 312.

14 *NETWORKING* EVOLUTIVO – A CONSTRUÇÃO DA CREDIBILIDADE

Definição. *Networking* é uma palavra composta por duas outras de origem inglesa. *Net* significa rede, representando no caso, uma rede de contatos interpessoais. Já a palavra *working*, significa trabalhando. Portanto, *networking* é a rede de contatos gerada pelo trabalho e para o trabalho do empreendedor.

Visão. A melhor forma de um empreendedor construir credibilidade é agir de modo cosmoético. Buscar a visão evolutiva na conduta pessoal faz, de qualquer homem ou mulher de ação, alguém voltado para a evolução em si, e isso forma o empreendedor evolutivo.

Valor. Afirmou-se anteriormente, que o empreendedor evolutivo não é apenas uma pessoa de negócios, mas sim alguém com capacidade de promover evolução onde se manifesta. Com isso, independentemente de empresa, cargo ou negócios, o ativo mais valioso será sempre o próprio empreendedor.

Formação. Esse ativo é formado a partir da conduta no trato interpessoal e, principalmente, pelos resultados gerados por suas ações nas dimensões intrafísica, energética e extrafísica.

Mercado. Na média do mundo empresarial o *networking* é tratado de maneira fria e calculista. Empresários participam de eventos motivados exclusivamente pela possibilidade de conhecer algum novo parceiro ou cliente para seu negócio. Buscam conhecer pessoas visando simplesmente o lucro e a prosperidade de sua empresa. Esquecem muitas vezes o fato de não haver dinheiro na pós-dessoma.

Passado. Sem medo de errar, este autor pode afirmar ser esse tipo de *networking* ineficiente, e apesar de haver ainda grande mudança a ser feita, está ficando cada vez mais obsoleto no mundo moderno. Ou seja, está ficando no passado.

Substituição. Na era da informática, com a transformação da vida moderna, as relações interpessoais estão mudando.

Hoje mensagens de texto estão substituindo a voz, e os e-mails o contato pessoal.

Limite. Porém, essa substituição possui limite. Não nascemos em um planeta repleto de seres humanos para ficarmos apenas na companhia de nossos computadores e *smartphones*. As pessoas com as quais convivemos são a maior fonte de *inputs* para a evolução pessoal.

Relacionamento. Para qualquer empreendedor de visão, não basta apenas ter contato com pessoas inteligentes, capazes de gerar lucro para sua empresa. A própria história da humanidade já mostrou, através de inúmeros exemplos de uniões empresariais infrutíferas, ser necessário o relacionamento com pessoas dotadas de índole cosmoética.

Questionologia. Cabe então a pergunta: alguém, buscando no outro um relacionamento por puro interesse comercial, possui índole cosmoética?

Consciências. Uma boa rede de contatos cosmoéticos exige do empreendedor trafor específico: *gostar de pessoas*. Incrivelmente, quando gostamos de outras consciências a tendência é essas mesmas gostarem de nós.

Fórmula. Através da postura de nos interessarmos pelas consciências em si, e não simplesmente pelos negócios a serem feitos, é gerado círculo virtuoso de inter-relações. Por exemplo, você leitor é um empresário bem-sucedido. Possui empresa, posses e uma família constituída. Você colocaria alguém para conviver com sua família sabendo que a única intenção da pessoa estar no seu convívio é ganhar dinheiro através dele? Eu não.

Assistência. Uma nuança do *networking evolutivo* é agir buscando doar mais as habilidades e capacidades pessoais, sempre. Ou seja, fazer assistência, e não simplesmente buscar o benefício material a ser auferido de uma relação interpessoal.

Retorno. Isso faz as pessoas à volta enxergarem a genuinidade da amizade, o interesse puro e simples no interlocutor, e não no dinheiro ou fama envolvidos. Assim, a *lei do retorno* entra em cena, pois existirá sentimento de gratidão pura, e o *networking* se amplia, tornando cada vez mais consistente.

Atração. Quanto mais honestas forem nossas intenções, mais atrairemos para nossa psicosfera conscins cosmoéticas capazes de agregar valores cosmoéticos à nossa vida, e por tabela aos nossos negócios. Os afins se atraem.

Tempo. Todavia, tudo na vida intrafísica leva tempo. Não se consegue uma rede de relacionamentos ampla e saudável de uma hora para outra. Nem mesmo no caso de famílias tradicionais, com muitos contatos e sobrenomes envolvidos, o empreendedor transpassa a barreira do tempo. Isso acontece pelo simples fato de, independente de pai, mãe e familiares, haver a necessidade de cada um traçar seu próprio destino e ser reconhecido pelos resultados alcançados por si. Ser filho de um grande pai não confere autoridade moral automaticamente ao filho. Cada consciência é única e cada um precisa trilhar seu próprio destino.

Valor. Considerando o exposto acima, podemos novamente afirmar ser o *networking evolutivo* o ativo mais valioso de qualquer empreendedor.

Intencionalidade. Ao empreendedor evolutivo, o negócio, a empresa, os lucros e a fama são os *meios*, não o *fim*. Não devemos construir amizades forçadas, baseadas exclusivamente nos interesses pessoais. Uma hora, sempre, as reais intenções vêm à tona.

Intencionalidade. Pelo fato de a média das conscins ressomadas na Terra ainda ser patológica, o conceito convencional de *networking* é poluído com a ganância do empreendedorismo materialista. Porém, parapsiquismo existe e está presente na vida de muitas conscins. Quando a aproximação de pessoas ocorrer com fins exclusivamente materialistas, vai parecer estranho e insincero. A insinceridade pode ser claramente percebida pelo interlocutor atento. Nunca devemos subestimar a percepção de quem está diante de nós.

Interesse. Não devemos nos interessar pelos outros pensando apenas no que serão capazes de fazer por nós. A intencionalidade egocêntrica pode ser facilmente percebida.

Habilidades. Possuímos uma condição extremamente eficiente para atrair boas pessoas para nosso lado. É a exposição natural das habilidades íntimas, dos traf*o*res, sem atitudes forçadas para parecermos melhores do que somos realmente.

Construção. A credibilidade não é construída através de conversa, de demonstrações, e nem mesmo de fotografias com pessoas importantes. É construída através do efeito dos traf*o*res pessoais na holosfera do empreendedor. Qualquer conscin, mesmo as fechadas parapsiquicamente, possui condições de desenvolver habilidades para avaliar a holosfera consistente e hígida de um amparador.

Anterioridade. Ocorrência comum observada no discurso de empreendedores já experimentados é conhecer e criar laços com pessoas úteis ao seu empreendimento antes de cogitar a possibilidade de obter qualquer favor ou benefício de tal pessoa. A lealdade cosmoética se estabelece através dos anos.

Vida. O verdadeiro *networking* evolutivo é formado ao longo da vida do empreendedor, e não apenas para um fim específico. As boas ações sempre repercutem.

Casuística. Certa vez ao negociar o direito de desenvolvimento de uma marca multinacional para um país no qual a empresa em questão ainda não atuava, após diversas conversações, foi marcada uma reunião para apresentação dos motivos para a marca entrar no país. Depois de algumas horas de conversa o diretor foi categórico: "para adquirir o direito você deverá conseguir um parceiro local, nascido no país, que tenha estudado lá e com contatos de longa data. Caso contrário não haverá possibilidade".

Vínculo. Esta requisição possui lógica óbvia, pois quando se conhece alguém há muito tempo, já houve situações de vida capazes de criar algum tipo de vínculo. No caso de qualquer empresa, o bom relacionamento social do empreendedor facilita a penetração da marca no mercado, sendo vendida a credibilidade de quem está à frente do negócio antes mesmo do próprio produto.

Visão. Isto mostrou a visão clara do experiente diretor sobre a importância de um *networking* de longa data, consistente e fundamentado para o sucesso da nova empreitada. Apenas o conhecimento supérfluo de bons empresários e pessoas com capacidade em auxiliar não adiantaria.

Taxologia. Com o intuito de expor de maneira clara e direta o assunto, existem basicamente dois tipos de *networking* possíveis de serem desenvolvidos pelo empreendedor. Um é o maquiavélico, destinado exclusivamente ao contato interpessoal para o lucro empresarial. O outro é o cosmoético ou evolutivo, visando o cumprimento da proéxis acima do sucesso da empresa. Segue abaixo descrição de ambos:

1. **Maquiavélico.** Visa apenas o resultado material do negócio e faz o lucro vir antes do interesse pelas pessoas. Possui resultado sempre ruim a longo prazo, visto o fato de priorizar os bens materiais às pessoas, gerando refluxos no transcorrer da vida intrafísica.

2. **Cosmoético.** A rede de contatos formada através da cosmoética visa sempre, em primeiro lugar, a assistencialidade. A cultura da amizade leal está acima do lucro, sendo este consequência da postura sadia e beneplácita do empreendedor. Qualquer tipo de resultado financeiro normalmente ocorre a longo prazo, podendo acontecer de modo inesperado como consequência da ação cosmoética e assistencial. Pode inclusive nunca ocorrer lucro financeiro, porém o lucro evolutivo existe desde o primeiro contato. Quando fazemos assistência, o cosmos conspira a nosso favor.

Honestidade. Na construção da rede cosmoética não pode haver intenções escusas e planos embaixo do pano. Credibilidade se conquista com sinceridade, olhos nos olhos, aperto de mão forte e cabeça erguida, em qualquer situação.

Escolhas. A boa rede, construída em bases cosmoéticas, é capaz de fazer o empreendedor encontrar boas pessoas e essas o auxiliarem a fazer as melhores escolhas. Amizade não se compra.

Tamanho. Em qualquer grupo de consciências com objetivos em comum, o mais inteligente é primarmos pela qualificação dos membros, não pela quantidade.

Times. Os teóricos da administração chamam de time o grupo de conscins afinizadas para a realização de negócios. Em empreendedorismo evolutivo esse grupo transcende um simples time de pessoas com os mesmos objetivos financeiros e extrapola para o conceito de equipin (equipe intrafísica).

Propósito. A equipin (equipe intrafísica) é um time superafinizado, com propósito assistencial em primeiro lugar. A equipex (equipe extrafísica) segue o mesmo princípio, porém atuando na dimensão extrafísica. As equipins e equipexes são formadas pela assistência e para a assistência.

Equipins. Um *networking* realizado com cosmoética e bem sucedido gera laços de amizade. Essa amizade então gerará as equipins dedicadas à assistência interconsciencial, superando os interesses exclusivamente empresariais.

Citaciologia. Bill Murphy Jr. (2010), no livro *The Intelligent Entrepreneur*, escreveu um capítulo com o título *You Can't do It Alone*. Nele o autor descreve o caso de um empreendedor, *Marc Cenedella*, com perspicácia no contato interpessoal. Através de seu exemplo de sucesso, *Marc* afirma que os contatos empresariais simplesmente gerados para fazer negócios não são tão eficientes nos resultados, como os gerados de modo espontâneo. Segue abaixo trecho do capítulo expondo alguns dos conceitos do *networking* cosmoético:

"Intentionally or not, he was building a network, but I'm quite certain that a genuine interest in people - not a mercenary motive – was the most fundamental driver of his social behavior. Yes, he did eventually come to understand that the friends he ate dinner with, went to parties with, and went to class with could be the core of an important business network, but that came later. In the beginning, he just wanted to spend time around people he enjoyed" (pág. 158).

Amizade. A amizade é o melhor benefício dela mesma. A amizade verdadeira é superior a qualquer tipo de *networking* empresarial.

Lucro. Na condição de empresários, nunca se deve menosprezar a necessidade da empresa em gerar lucro. Na condição de empreendedores evolutivos, é preciso ajustar constantemente a necessidade de lucro ao papel principal da consciência no intrafísico: evoluir.

Bibliografia

1. **Murphy Jr.,** Bill; ***The Intelligent Entrepreneur;*** *Ed. St. Martins Griffin;* 338p.; New York, NY, EUA; 2010; pág. 155 e 158.

15. A IMPORTÂNCIA DA EXPERIÊNCIA PESSOAL

Definição. De acordo com o dicionário Houaiss (2009) *experiência* é a "forma de conhecimento específico, ou de perícia, que, adquirida por meio de aprendizado sistemático, se aprimora com o correr do tempo"

Necessidade. A necessidade da experimentação pessoal para o alcance do sucesso nos empreendimentos é fato inarredável da dinâmica empreendedora.

Evolução. De acordo com a *Evoluciologia,* a evolução consciencial ocorre de maneira gradual, através do aperfeiçoamento contínuo e constante. No empreendedorismo, a ascensão empreendedora pode ocorrer de 3 formas distintas:

1. **Herança.** A assunção por herança após a morte de parente ou doação.

2. **Oportunidade.** O aproveitamento de oportunidade de mercado.

3. **Constância.** O trabalho gradual ao longo da vida.

Dificuldades. Existem empreendedores monetaristas, contraexemplos, e evolutivos, exemplos a serem seguidos. Pelo fato da consciência ser multifacetada, é possível acharmos bons exemplos até mesmo em empreendedores reconhecidamente monetaristas, a exemplo dessas duas citações retiradas da autobiografia do megaempreendedor brasileiro Eike Batista: "*...você cresce com as dificuldades*" (Batista, 2011, pág. 22), e "*Estava apenas no início de uma trajetória e ela teria sido mais suave se eu já tivesse nas costas uma larga experiência*" (Batista, 2011, pág. 47).

Sucesso. Se você é um empreendedor jovem, ávido pelo sucesso, desejoso de evoluir rapidamente e cortar caminhos, o ideal é começar alcançando a qualidade característica dos sábios: *fique tranquilo*. Você não alcançará resultados satisfatórios sem antes ter aprendido através dos próprios erros.

Constância. "Vivemos numa época em que as pessoas querem uma solução rápida, um atalho para alcançar resultados excepcionais. Mas não existe esse caminho fácil. Existe apenas um esforço intenso, de longo prazo, sustentado". Jim Collins - professor de Stanford, no prefácio do livro *Sonho Grande* (2013) pág. 12.

Atributologia. Se você deseja adotar atitudes capazes de lhe indicarem o caminho menos demorado para alcançar uma condição de domínio das necessidades monetárias, formando seu pé-de-meia, busque, com vontade decidida, *lucidez e discernimento.* Estes dois atributos, aliados à vontade granítica de empreender evolutivamente, são capazes de fazer empreendedores evitarem a repetição dos erros e não trilharem caminhos desnecessários. No atual nível evolutivo do planeta Terra, errar é ainda a forma mais comum de aprender.

Nada. Nenhum empreendedor, ou qualquer pessoa em qualquer tipo de ação na vida, alcança o sucesso do nada. A gratidão para com os que nos prestam auxílio é sinal de inteligência evolutiva.

Tentativa. Nem toda tentativa de empreendimento evolutivo precisa dar certo logo na primeira investida. Mesmo quando empreendedores evolutivos possuírem boa intenção e se esforçarem para obter discernimento acima da média da massa humana impensante, não haverá garantias de sucesso.

Conscienciometrologia. O fato de alguém possuir dinheiro pode dizer muito sobre a pessoa. Ao analisarmos os homens com as maiores riquezas já acumuladas no planeta, podemos constatar algumas características em comum. Segue abaixo listagem de 6 dos homens mais ricos de todos os tempos e suas respectivas fortunas, segundo a revista História Viva (n.47):

1. **Cornelius Vanderbilt (1794-1877)** - EUA - U$ 185 bilhões. Ascensão gradual trabalhando a partir dos 16 anos. Soube aproveitar oportunidades. No final da vida fez doação milionária para criar a Universidade Vanderbilt.

2. **Henry Ford (1863-1947)** - EUA - U$199 bilhões. Aproveitou oportunidade em novo mercado, convencendo empresários a financiar seu projeto. No final da vida doou parte de sua fortuna para criar a Fundação Ford.

3. **Guilherme I da Inglaterra (1028-1087)** - França - U$ 229.500 bilhões. Herdou o trono do pai e conquistou vitórias político-militares, acumulando fortuna. Dividiu sua riqueza entre os pobres e a igreja.

4. **Osman Ali Khan (1886-1967)** - Índia - U$ 230 bilhões. Último herdeiro da dinastia Nizam, de Hyderabad, principado do império indiano. Herdou fortuna e multiplicou-a. Seu governo foi marcado por iniciativas educacionais e políticas.

5. **Andrew Carnegie (1835-1919)** - Escócia - 310 bilhões. Ascensão gradual trabalhando desde os 13 anos. Aos 33 anos fundou empresa responsável pela construção da primeira ponte de ferro em Ohio. Possuía certa consideração pelo direito dos trabalhadores e após vender sua empresa para John P. Morgan (1837-1913) dedicou a vida a doar sua fortuna, subsidiando fundações e incentivando a criação de bibliotecas públicas. Investiu nesses projetos cerca de U$350 milhões. Professava o princípio: "fazer fortuna para o bem de todos".

6. **John D. Rockefeller (1839-1937)** - EUA - U$340 bilhões. Ascensão gradual trabalhando de empregado a partir dos 16 anos. Aproveitou a oportunidade de ascensão da indústria do petróleo, comprando inicialmente pequena refinaria. Chegou a possuir 30 empresas e refinava quase todo o petróleo americano. Criou a Universidade de Chicago e a Fundação Rockefeller de apoio à ciência.

Constatações. A história dos empreendedores acima, demonstra, ao menos, 5 importantes realidades aos empreendedores-evolutivos:

1. **Gradação.** Os herdeiros aumentaram gradualmente seu patrimônio.

2. **Esforço.** Os não herdeiros obtiveram ascensão gradual, começando a trabalhar desde cedo.

3. **Perspicácia.** Todos souberam aproveitar oportunidades.
4. **Assistenciologia.** Todos doaram parte de suas fortunas.
5. **Erro.** Todos erraram e aprenderam com os erros.

Análise. Com relação à doação, pode-se ponderar terem os mesmos doado suas fortunas ao final da vida apenas pelo fato de possuírem muito dinheiro e já estarem se preparando para a dessoma.

Atratividade. Porém, cabe avaliar se não foi o inverso justamente o ocorrido. Teria sido o perfil assistencial decisivo para tamanha bonança desses bilionários, uma habilidade atratora de sucessos? Ao ler a breve descrição de suas histórias pode-se chegar à conclusão que sim.

Intermissão. O intermissivista ressoma completamente imbuído de informações para poder superar os obstáculos no intrafísico. Esse fato é gerador de autoconfiança positiva em todos os sentidos da vida intrafísica. Não positivo apenas quando se transforma na sensação de invencibilidade.

Sucesso. Conforme os casos citados acima, os empreendimentos humanos requerem esforço e perseverança para alcançarem êxito. Caso observe alguma iniciativa de sucesso rápido e surpreendente, sem o esforço correspondente ao tamanho dos benefícios auferidos, desconfie. Ela já deu errado e seus idealizadores ainda não enxergaram.

Experimentologia. Através das experiências pessoais, somos capazes de aprender de maneira mais consistente se comparado ao estudo meramente teórico.

Planejamento. Contudo, pesquisa e planejamento são matérias de extrema relevância para o desenvolvimento de qualquer negócio. Aliado à auto-organização, predispõe o empreendedor a não persistir nos erros já cometidos, buscando caminhos mais satisfatórios de atuação.

Ousadia. Em muitos casos, o negócio com maior chance de dar certo é aquele iniciado lento, de modo gradual, pelo contato do empreendedor com o mercado de trabalho. Porém, quando o empreendedor é inversor, recém chegado do CI, e deseja antecipar o pé-de-meia através de um negócio evolutivo, o importante é estudar tecnicamente ao máximo o futuro empreendimento e ousar sem medo.

Ilicitude. Apressados em obter resultados imediatos, alguns são capazes de deixar a cosmoética de lado ao optarem pelo caminho da ilicitude, tentando driblar a imposição evolutiva do aprendizado. No final das contas, tal atitude, seja na dimensão intrafísica ou extrafísica, sem dúvida irá acabar mal.

Rapidez. Ganhar dinheiro rápido e resolver imediatamente as necessidades financeiras da vida intrafísica, para viver de *sombra e água fresca*, é pura ilusão. As dificuldades e os fracassos fazem parte do caminho evolutivo. Na evolução, o trabalho é infinito e devemos fazê-lo prazeroso.

16. O NEGÓCIO MARAVILHOSO

Definição. Entre suas diversas acepções, o adjetivo *maravilhoso* significa algo capaz de provocar grande admiração, deslumbramento. Já deslumbramento, significa turvação da vista causada pelo excesso de luz, perturbação do entendimento, alucinação e obcecação. Obcecação é a fixação em uma ideia, o obscurecimento da razão, a teimosia, a pertinácia no erro (Houaiss, 2010).

Lexicologia. Pela definição acima pode-se observar a evolução do conceito do adjetivo maravilhoso. De algo neutro perante a cosmoética, ao dissecarmos o desdobramento de seus conceitos, observa-se um viés extremamente patológico de teimosia e pertinência no erro.

Discernimento. Através dessa análise, pode-se observar o erro conceitual quando o empreendedor pretende estabelecer um negócio a ser intitulado maravilhoso. A concepção de negócio maravilhoso, da forma abordada por muitos empreendedores, é na verdade um deslumbramento com um objetivo almejado, sem a compreensão do trabalho requerido para a concepção de um negócio de sucesso.

Autoanálise. Se você leu o título deste capítulo e pensou que acharia nas próximas páginas alguma fórmula para ter um negócio de sucesso, lucrativo, bom para a sociedade e para os sócios, ou seja, evolutivo, cuidado. Vale a pena autoavaliar-se sobre a ingenuidade pessoal e a falta de realismo no momento de conceber o próprio negócio.

Questionologia. Você já ouviu alguém falar: "tenho um negócio maravilhoso para você!". Se sim, entrou nessa onda? Se sim, qual o resultado?

Citaciologia. Luis Norberto Paschoal (1947-), presidente do grupo DPaschoal, possui uma sábia frase sobre o ímpeto de riqueza de algumas pessoas: "*A riqueza é consequência. O desejo de ficar rico turva a sua bola de cristal*".

Ingenuidade. Existe um fenômeno com relação ao desenvolvimento inicial do empreendedor, relacionado à ingenuidade de avaliação no momento de conceber um negócio. O fato de não haver experiência prévia faz a avaliação de um novo empreendimento ocorrer sem base vivencial. Isso predispõe o novato imaginar, logo nas primeiras concepções, ter achado algo capaz de trazer dinheiro e tranquilidade rapidamente (Perillo, 2014, pág. 33).

Visão. Essa mesma ingenuidade no processo, gera uma crítica falta de visão de conjunto na avalição do trabalho e esforço necessários para se chegar ao sucesso e nesse ponto surge o negócio maravilhoso.

Empolgação. Quando isso ocorre, a iniciativa é baseada e sustentada pela empolgação do momento, pela paixão cega em obter sucesso, capaz de embaralhar a análise fria dos percalços a serem enfrentados e da necessidade de organização para alcançar o objetivo.

Autoimagem. Esse é o caso do empreendedor levado ao empreendedorismo mais para defender a autoimagem e alcançar *status* social, que pelo discernimento em estabelecer um negócio capaz de criar sustentabilidade para a proéxis pessoal e ao mesmo tempo gerar benefícios evolutivos para a socin.

Articulação. Um empreendedor bem articulado pode inclusive ter a capacidade de inebriar outras pessoas e levá-las a crer na ideia do negócio maravilhoso, gerando reação patológica em cadeia. Surgem assim sociedades empresariais baseadas em negócios infundados, e parcamente planejados.

Gênese. Em alguns casos, a gênese desse processo está no descontrole emocional do empreendedor. Esse descontrole gera uma sensação de ansiedade e angústia em desejar ficar rico rápido para poder não se preocupar mais em precisar ganhar dinheiro para sobreviver. Na verdade, sendo mais um problema a ser resolvido ao invés da solução almejada.

Intermissivistas. Isso pode ocorrer inclusive com intermissivistas, necessitando estabelecer o pé-de-meia para o cumprimento da proéxis. Nesse caso, a angústia e ansiedade podem ser fruto de uma noção pré-concebida da necessidade de independência econômico-financeira com relação à família nuclear, e não exclusivamente de descontrole emocional.

Profilaxia. Como qualquer outra ação consciencial patológica, algumas posturas podem ser adotadas pelo empreendedor evolutivo para fazer a profilaxia da ilusão do negócio maravilhoso. Seguem abaixo 10 exemplos de *atitudes* e *posturas* benéficas à correta avaliação do novo negócio, dispostas em ordem alfabética:

01. 7. O curso técnico na área do negócio pretendido.

02. Consultorias. O contato com pessoas mais experientes.

03. Debates. A discussão gerando neoideias.

04. Emprego. O trabalho na área, antes do negócio próprio.

05. Estudos de caso. A análise de fracassos e sucessos.

06. Pesquisa. A coleta de dados sobre o assunto.

07. Planejamento. A ação no papel antes da ação prática.

08. Reflexão. O pensar antes de agir.

09. Sincronicidades. A análise das sincronicidades

10. Viagens. A ampliação da cultura pessoal.

Sincronicidades. Existe um fato sobre as sincronicidades que necessita de atenção: sincronicidades assediadoras também existem e podem influenciar as certezas do empreendedor no momento de concepção do negócio maravilhoso.

Amparo. Amparador não manda, sugere. A análise das sincronicidades é pessoal e diz respeito ao microuniverso consciencial. Também nesse caso é necessário experiência e autodiscernimento para avaliar os fluxos extrafísicos envolvidos no processo (verificar cap. 12).

Facilidade. Uma máxima é fato nessa análise: quando algo está muito fácil e se mostra muito bom logo no primeiro momento, desconfie. Pode ser o assediador facilitando para você.

Essa facilidade se tornará dificuldade no futuro, quando o quinhão do assediador for requisitado. O seriado norte-americano *House of Cards* (1ª temporada, capítulo 6, 2013) explicita de maneira clara essa questão.

Sonhadores. Personalidades sonhadoras muitas vezes visam um negócio para resolver todos os seus problemas de uma vez. Esquecem apenas de dar o primeiro passo e ficam apenas no sonho, esperando as boas notícias caírem do céu. Quanto maior a ilusão, mais alto é o *tombo*.

Mito. Esse é o mito do ganhar sem trabalhar. Infelizmente ainda muito observado nas posturas dos brasileiros, inclusive dos políticos. Provavelmente reflexo da colonização portuguesa, e principalmente da vinda da corte de Dom João VI para o Brasil em 1808, quando o mesmo distribuiu benesses em larga escala para poder sustentar o seu enfraquecido poder.

Iniciante. No caso de um empresário iniciante, e com algum recurso a ser investido ou mesmo apenas boa rede de contatos, independentemente da idade pessoal, podem aparecer pessoas mal-intencionadas desejando se aproveitar da sua falta de experiência. O caso clássico é o dos vendedores de sonhos. Aparecem com uma ideia pronta, capaz de resolver todos os problemas do empreendedor e pedem algum dinheiro para iniciar o negócio. Quando o empreendedor acorda, o vendedor já foi embora, levou o sonho e o dinheiro junto.

Excesso. Outra questão importante a salientar, oposta a alguém visando sucesso sem trabalho, é quando o empreendedor encontra o negócio maravilhoso e, sem planejamento, começa a trabalhar desesperadamente para o sucesso. De nada adianta trabalhar demais se estamos no caminho errado. O negócio continuará sendo maravilhoso, e não se concretizará da forma almejada pelo empreendedor.

Raciocínio. No livro Não Faça Nada, J. Murnighan (2013) expõe a questão do excesso de trabalho muitas vezes ser mais improdutivo do que produtivo. Para se tornar empreendedor evolutivo é necessário pensar mais, utilizar mais o cérebro e deixar de lado os instintos subcerebrais.

Imagem. Se houvesse um quadro para expressar essa ideia, seria a figura de um empreendedor bem-sucedido, homem de negócios bem-vestido, sentado em seu escritório decorado funcionalmente, com livros na parede e mesa organizada, utilizando o mentalsoma para gerar riqueza. Não o rosto suado de um trabalhador braçal.

Conscienciologia. O estudo das consciências, ou seja, a Conscienciologia, é a melhor maneira de prevenir o empreendedor do fracasso evolutivo. O Ser Serenão é quem conhece a consciência em todas as suas facetas e pormenores. Você consegue imaginar um Serenão iludido com um negócio maravilhoso?

Sapiência. O empreendedor ingênuo cria um negócio maravilhoso. O inteligente concebe a empresa de sucesso. Já o sábio, cria um negócio evolutivo.

Bibliografia

1. **Houaiss,** Antonio; ***Dicionário Houaiss da Língua Portuguesa;*** versão digital; *Objetiva;* Rio de Janeiro, RJ; 2009; verbetes maravilhoso, deslumbramento e obcecação.

2. **Murnighan,** J. Keith; Não Faça Nada – ***Aprenda a Deixar que Cada um Faça seu Trabalho;*** *Saraiva*; 200p.; São Paulo, SP; 2013.

3. **Perillo,** Marcos; ***Empreender Sem Administrar Não Dá!;*** *M.Books;* 104p.; São Paulo, SP; 2014; página 33.

Filmografia

House of Cards. **Título original:** *House of Cards.* **País:** Estados Unidos. **Data:** 2013. **Seriado. Capítulos:** 13. **Gênero:** Drama político. **Idioma:** Inglês. **Cor:** Colorido. **Direção:** Beau Willimon. **Elenco:** Kevin Spacey; Robin Wright; Kate Mara; Corey Stoll; Michael Kelly; Kristen Connolly; **Produção:** Beau Willimon; David Fincher; Kevin Spacey; Eric Roth; Joshua Donen; Dana Brunetti; Andrew Davies; Michael Dobbs; John Melfi. **Criador:** Beau Willimon; **Tema de abertura:** Jeff Beal; **Enredo:** Depois de ter seu prometido cargo de Secretário de Estado entregue a outra pessoa, o Deputado Frank Underwood, de modo totalmente inescrupuloso, arma uma grande trama para derrubar o Presidente Garrett Walker com sabotagens e chantagens inauditas.

17. CUIDADOS COM O SOMA – O 1º EMPREENDIMENTO

Definição. *Soma* é sinônimo de corpo humano. No que concerne ao empreendedorismo evolutivo, é o veículo através do qual a consciência realiza a empreitada proexológica, sendo a boa gestão desse o primeiro empreendimento da vida humana, e também o mais duradouro.

Fatologia. Todos são empreendedores de si mesmos.

Dicotomia. Existem empreendedores-trabalhadores inteligentes, e empreendedores-trabalhadores apedeutas. Os inteligentes, cuidam do soma e compreendem ser esse o ativo intrafísico mais valioso, impossível de ser comprado. Já os apedeutas, trabalham incessantemente sem inteligência, visando apenas o lucro e as benesses materiais, destruindo o soma pela riqueza.

Consequência. Mesmo sendo apedeutas evolutivos, muitos desses adquirem riquezas e *status* social, porém ficam em desequilíbrio. Precisam então, gastar parte do patrimônio para remediar o mal feito a si mesmos.

Lógica. A lógica do processo evolutivo-empreendedor pode ser compreendida através da seguinte analogia: o soma é a fábrica e a consciência são os executivos. O motivo do empreendimento é a proéxis. Quando os executivos agem de maneira desequilibrada, a fábrica vai a falência e o motivo da empreitada fica sem sentido.

CI. Saímos do CI preparados e programados para o compléxis. Todavia, não há garantia de completismo aos intermissivistas. Da mesma forma, muitas pessoas no intrafísico estão preparadas para serem empreendedoras, contudo algumas falham.

Falha. Se negócios falham, pessoas também falham nos cuidados com o soma. De nada adiantará possuir negócio de sucesso se o soma, a primeira responsabilidade proexológica, não estiver sendo tratado adequadamente.

Wolkaholic. O mundo capitalista fez surgir, através da pressão de sobrevivência pelo dinheiro, e não mais pela caça, o indivíduo *workaholic*. Trabalho incessante, desprazer pelo relaxamento, ansiedade exacerbada, falta de concentração mental e foco excessivo no retorno imediato são algumas das característica dessa doença (V. **Folha de S. Paulo,** Redação; ***Pressão fabrica empresários 'workaholics';*** Jornal; Diário; Caderno: folha classificados; São Paulo, SP; 09.06.02; página E1).

Constatação. Basta andar pelo centro de qualquer grande cidade para constatar na face de algumas pessoas o distúrbio. Mentes apressadas, olhar fixo no relógio ou celular, mínima interação com o ambiente e desleixo físico (sobrepeso, anorexia) sinalizam o portador da doença.

Autorreflexões. Além de prejudicar a saúde física, o empreendedor incapaz de equilibrar a vida empresarial com as obrigações rotineiras, acaba por inibir algo muito importante ao completismo de qualquer conscin: as autorreflexões.

Eito. O empreendedor evolutivo, ao contrário do *workaholic*, se caracteriza por levar todas suas responsabilidades de eito. Não negligencia o soma para se concentrar no trabalho, nem sequer cuida excessivamente do soma em detrimento do trabalho. Leva a vida de eito, buscando o máximo de equilíbrio possível. Compreende na essência o trinômio *mente-soma-empresa*, se policiando constantemente para não passar da conta em nenhum quesito.

Efeitologia. Segue abaixo, listados em ordem alfabética, 11 efeitos do *workaholism* na vida de qualquer empreendedor:

01. Ansiosismo. Ansiedade demonstrando insatisfação constante.

02. Bioenergética. Intoxicações e bloqueio de chacras.

03. Cosmovisiologia. Fechadismo para neoideias.

04. EV. Negligência quanto às bioenergias.

05. Insônia. Perturbações do sono.

06. Onirismo. Perturbações oníricas.

07. Pensenidade. Deficit cognitivo, pensenidade patológica.

08. Projetabilidade. Inibição de PLs, com vida restrita ao soma, doente.

09. Sexochacra. Disfunções sexuais.

10. Sociabilidade. Dificuldades nos inter-relacionamentos.

Autoconscienciometria. A autoconscienciometria constante é a chave para a ação empreendedora ideal.

Soma. No âmbito somático, 8 fatores se mostram fundamentais para alcançar o equilíbrio *empreendedorismo-proéxis*, listados abaixo em ordem alfabética:

1. **Alimentação.** Adequada de acordo com as necessidades individuais.
2. **Avaliações.** *Check-ups* regulares.
3. **Bioenergias.** Autoprofilaxias bioenergéticas evitando intoxicações somáticas.
4. **Exercícios.** Exercícios físicos regulares, sem excessos.
5. **Higiene pessoal.** Constante.
6. **Intelectualidade.** Malhação cerebral, predispondo a mais sinapses e neoideias.
7. **Sexualidade.** Vida sexual regular, monogâmica.
8. **Sono.** Carga horária de sono atendida.

Energossoma. Quanto ao energossoma é importante prestar atenção constantemente na condição bioenergética pessoal. A prática de pelo menos 20 EVs por dia é recomendada para manter o equilíbrio somático, pois ao desintoxicar as energias evitará também a intoxicação do soma.

Psicossoma. As manifestações psicossomáticas devem ser observadas e buriladas para manter da melhor forma possível a serenidade nas ações empreendedoras.

Mentalsoma. O mentalsoma é veículo requerente de estímulos intelectuais constantes, para ampliação da capacidade de discernimento através da geração de neoparasinapses, alinhando assim as ações íntimas à prática empresarial.

Negócios. Cuidar bem do mentalsoma significa buscar capacitação constante. Quando se trata de negócios, o empreendedor evolutivo deve buscar qualificação com o intuito de conquistar visão holística sobre sua área de atuação e também sobre sua proéxis pessoal.

Aproveitamento. O empreendedor convencional busca criar um negócio para aproveitar o máximo dele enquanto estiver vivo. Por outro lado, o empreendedor evolutivo concebe um negócio para durar a eternidade, sendo fonte de assistência constante, independentemente da biografia pessoal. Com isso, quanto melhor conseguir cuidar do soma, mais poderá tirar proveito de sua criação. *Mens sana in corpore sano.*

Sanidade. Contudo, o soma requer sanidade e, acima de tudo, a consciência requer consciencialidade. De nada adianta conceber um negócio de sucesso e não ser completista, seja intermissivista ou não. Não devemos queimar a vela da vida pelas duas pontas.

Idiotismo. Ainda no Brasil e em outras partes do mundo, conforme cita, de maneira clara e precisa em sua palestra da serie TEDx ocorrida em junho de 2013 – *Why do we sleep?* – o neurocientista Russel Foster, existe uma noção equivocada da sociedade sobre a relação sono-trabalho. Muitos acreditam no fato de ser produtivo apenas quem acorda cedo. Para isso, muitas pessoas reprimem a necessidade pessoal de sono, dormindo tarde e acordando cedo, diminuindo assim a carga horária diária, e dormindo em condições não ideais. Geram dessa forma dificuldades no funcionamento do cérebro e no sistema orgânico como um todo. Regular bem a necessidade pessoal de sono é uma das chaves para a sanidade mental. (http://www.ted.com/talks/russell_foster_why_do_we_sleep, acessado em 17.07.14)

Jornada. Infelizmente, ainda no séc. XXI, muitos empreendedores se autoenganam diariamente, cumprindo longas jornadas de trabalho apenas para se sentirem menos culpados.

A *consciex livre* não possui mais soma, não cumpre jornada em nenhuma empresa e não bate cartão-ponto, apenas raciocina.

Horas. Horas de trabalho devem ser sempre intercaladas com horas de autorreflexão. Sem autorreflexão não há evolução.

Paradigmas. Para empreender evolutivamente é necessário quebrar paradigmas.

Bibliografia

1. **Folha de S. Paulo,** Redação; ***Pressão fabrica empresários 'workaholics';*** Jornal; Diário; Caderno: folha classificados; São Paulo, SP; 09.06.02; página E1

Webgrafia

1. Disponível em: http://www.ted.com/talks/russell_foster_why_do_we_sleep, acessado em 17.07.14.

18. EMPREENDEDORISMO LATENTE

,**Definição.** De acordo com o dicionário Aulete (2011) *latente* significa algo "presente de forma inativa, mas passível de vir à tona". Ou seja, um potencial ainda não desenvolvido.

Latência. As consciências são multifacetadas. Todos temos traços desenvolvidos e ainda a desenvolver em nossa personalidade. A latência de atributos é fato no contexto evolutivo.

Atributo. Como atributo consciencial, o *empreendedorismo evolutivo* é faculdade inalijável do desenvolvimento evolutivo de qualquer consciência. Essa necessidade ocorre devido, principalmente, a estes 4 argumentos listados abaixo em ordem alfabética:

1. **Assistencialidade.** Para evoluir precisamos desenvolver a assistencialidade. A simples conduta assistencial requer ação, e *empreender evolutivamente* significa agir.

2. **Crescendo.** Evoluir significa crescer continuamente. Não há como crescer estando parado, e *empreender evolutivamente* significa sair do lugar.

3. **Crises.** Crises predispõem mudanças. As crises evolutivas são geradas a partir de ações da própria consciência, e *empreender evolutivamente* significa vivenciar crises de crescimento.

4. **Flexibilização.** Para evoluir precisamos flexibilizar os próprios pensenes. Não há flexibilização no monopensene e *empreender evolutivamente* significa pensar diferente.

Empresa. De acordo com a abrangência do conceito, o fato de criar e gerir uma empresa não é necessariamente uma obrigação no universo do empreendedorismo, como pode ser observado nas definições dos autores sobre o tema, contidas no capítulo 2.

Taxologia. No amplo universo do empreendedorismo, podemos encontrar dois tipos bem caracterizados de empreendedores:

1. **Empreendedor-empresário.** O empreendedor-empresário, responsável pela gestão da empresa, com funcionários subordinados, devidamente inserido no contexto socioeconômico.

2. **Empreendedor-funcionário.** O empreendedor-funcionário, responsável pela ação propulsora da melhoria contínua em seu ambiente de trabalho, desenvolvendo novas habilidades constantemente, sendo subordinado de superior hierárquico.

Empregados. Para um funcionário vivenciar o empreendedorismo evolutivo, basta agir no local de trabalho e na vida em prol da evolutividade ampla e irrestrita, começando por si e expandindo às demais consciências através da assistencialidade.

Ato. Importante ressaltar o fato da evolução ser um ato de empreendedorismo. Em alguma dose, todos precisam ser empreendedores para avançar no processo evolutivo.

Lacuna. Visto isso, pode-se concluir existir em todo ser humano uma latência empreendedora, esperando apenas a vontade íntima da consciência para despertar e ser desenvolvida como atributo em favor da própria pessoa.

Área. A lacuna empreendedora pode existir pelo fato da consciência ainda não ter encontrado área de atuação que a motive, gerando assim leniência na condução e execução da proéxis pessoal. Nesses casos, o melhor é buscar ajuda profissional na conscienciοterapia e também nos serviços de apoio à programação existencial (SEAPEX).

Arrojo. Em qualquer situação, a ação empreendedora necessita de certa dose de arrojo para poder ser efetiva. Comparativamente, de acordo com a *Proexologia,* as programações existenciais avançadas também exigem certa dose de arrojo por parte da conscin, sendo improvável alguém ser completista na base do "sombra e água fresca".

Início. O impulso de fazer algo, tomar alguma atitude, ser proativo visando a melhoria da própria condição intraconsciencial é o primeiro passo e uma demonstração da conduta empreendedora.

Avaliação. A conscin é capaz de avaliar seu nível de latência empreendedora buscando enxergar na manifestação da própria personalidade desejos reprimidos por falta de motivação em alcançá-los ou por pensar serem difíceis demais. Esses desejos podem ser, por exemplo, desde uma reciclagem intraconsciencial para perder peso, até a conquista de um bem material. Ao agir, a consciência está empreendendo sua volição na busca de algo. Ao ficar estagnada estará *apodrecendo* intraconsciencialmente. *Empreendedorismo evolutivo: ação.*

Patologia. A latência do empreendedor evolutivo pode ser entendida, sempre, por algo sadio a ser desenvolvido, positivo para evolução consciencial. Quando a conscin identifica uma patologia latente em sua personalidade, deixá-la vir à tona não significará uma ação empreendedora. O importante neste caso é reciclá-la.

Questionologia. É possível ao interessado desvendar a latência empreendedora de sua personalidade, e consequentemente a área de atuação traforista, ao pensar sobre o tema através da reflexão sincera das 10 perguntas listadas abaixo, em ordem funcional:

1. **Situação.** Desejo estar em uma situação diferente de vida, porém ainda não tomei atitudes para alcançá-la?

2. **Ideias.** Possuo ótimas ideias capazes de melhorar a socin e também minha condição evolutiva, mas ainda não as coloquei em prática?

3. ***Loc* externo.** Vejo erros nos outros e me sinto intimamente capaz de fazer melhor, mas fico inerte?

4. **Conduta.** Consigo discernir sobre condutas mais benéficas para mim e para meus pares, contudo não as coloco em prática?

5. Vivência. Vivo pensando ser o passado ou o futuro melhores que o presente, sem vivenciar o hoje?

6. Estado. Vivo em um estado de permanente insatisfação comigo mesmo e com o mundo, e sei conseguir melhorar tudo, se quiser?

7. Capacidade. Olho intimamente e me percebo um ser melhor que minha manifestação atual?

8. Despojamento. Sinto estar me manifestando de modo acanhado, em subnível consciencial?

9. **Íntimo.** Sei possuir uma realidade interior mais avançada e complexa se comparada ao meu desempenho atual?

10. Teoria. Sinto-me teoricamente forte para ir à prática?

Consciencimetrologia. Caso tenha respondido *sim* a pelo menos 5 das 10 perguntas acima, pode-se considerar um empreendedor evolutivo em fase de latência e já capaz de responder à próxima: o que estou esperando para agir?

Conclusão. Através dos argumentos apresentados, conclui-se só existir a lacuna empreendedora quando a consciência realmente deseja se manter estagnada. Pelas leis da Energossomatologia, quando há vontade de ação, essa ação já se iniciou através da mobilização das energias conscienciais.

Bibliografia

1. **Bechara,** et al.; ***Novíssimo AULETE – Dicionário Contemporâneo da Língua Portuguesa;*** Lexikon Editora; 1488p.; Rio de Janeiro, RJ; 2011; verbete latente.

19. O EXCESSO DE COMEDIMENTO

Definição. O dicionário Novíssimo AULETE (2011) define comedimento como a atitude ou comportamento sóbrios, moderação e prudência. Notadamente uma definição homeostática.

Adição. Contudo, ao adicionarmos o adjetivo *excesso*, comedimento se torna uma postura consciencial capaz de travar o desenvolvimento e o cumprimento da proéxis de qualquer conscin, podendo gerar dificuldades para o empreendedor evolutivo estabelecer seu negócio próprio através de barreiras íntimas para novas ações.

Dubiedade. Nos empreendedores evolutivos iniciantes, principalmente naqueles sem contato direto com empreendedores já estabelecidos, um sentimento dúbio de vontade, força, garra e autoconfiança, pode se misturar ao medo em apostar as fichas do momento em negócio incerto.

Experiência. Uma das prováveis causas dessa dubiedade de sentimentos e reticência em iniciar algo novo é, obviamente, a falta de experiência pessoal no assunto, funcionando igual a uma trava para um universo ainda desconhecido.

Idade. Essa falta de experiência pode ocorrer com pessoas das mais diversas idades, sejam profissionais já estabelecidos no mercado de trabalho ou jovens empreendedores recém-saídos da faculdade.

Proéxis. Ao comparar a proéxis a um empreendimento evolutivo, pode-se constatar as dificuldades e percalços a serem gerados para a evolução pessoal ao travar a manifestação empreendedora por medo ou qualquer outro tipo de atitude antiação.

Comentários. O empreendedor iniciante está exposto a uma série de comentários e suposições sobre o negócio em vista. É possível observar dois tipos de reações básicas do empreendedor, normalmente extremas e patológicas, quando o mesmo recebe uma sugestão sobre suas pretensões, conforme demonstrado abaixo:

1. **Desdém.** A primeira é o desdém e a não consideração sobre o comentário recebido. O empreendedor arrojado e destemido costuma agir dessa forma.

2. **Medo.** A segunda, relativa aos comedidos em excesso, é uma sensação de medo e temor com elação a qualquer tipo de dificuldade antevista, travando assim suas ações empreendedoras.

Influenciabilidade. Esta influenciabilidade em excesso, capaz de estagnar o empreendedor inseguro, pode ser considerada patológica ao desenvolvimento do empreendedorismo evolutivo, pois fará o processo parar, inibindo tanto o aprendizado quanto o desenvolvimento do novo negócio.

Assédio. Tal influência, quando faz um negócio evolutivo promissor não sair do papel, é considerada assediadora, sendo promovida tanto extrafisicamente quanto intrafisicamente pelas consciências contrárias à evolução consciencial, social e parassocial.

Inércia. Ao empreendedor evolutivo ainda inseguro de suas atitudes e de seus planos, o ideal é buscar auxílio em ferramentas conscienciométricas e conscienciotérápicas para auxiliá-lo a sair da inércia, através de estímulos para o aumento de lucidez pessoal.

Amparo. Uma decorrência da insegurança e do medo pessoal no engajamento da ideia empreendedora é a dificuldade gerada para o amparador acessar o microuniverso consciencial do empreendedor. Ao estar inseguro, o mesmo pode inibir inspirações e sinaléticas energéticas parapsíquicas confirmadoras das atitudes a serem tomadas.

Perfeccionismo. Boa ilustração do medo crônico em agir conforme os ideais pessoais é do empreendedor evolutivo já pronto em todas as etapas de preparação. A pesquisa de campo está pronta, o plano de negócios foi feito, existem contatos relacionados ao futuro negócio e já existe um crédito pré-aprovado no banco para financiamento do empreendimento. Todavia, devido aos fatores citados acima, não inicia o negócio e permanece assistindo a oportunidade passar. Efeito clássico do medo de errar.

Pesquisas. Na fase de estudo do novo negócio, pode ocorrer um fenômeno com relação ao empreendedor desejoso em realizar pesquisas a fundo, para analisar nos pormenores a área na qual está prestes a atuar. A personalidade com tendência ao excesso de comedimento, pode observar mais os fracassos que os sucessos no ramo a ser estudado, e resolver deixar de lado a oportunidade do novo negócio.

Emprego. Em outros casos, existe a condição do emprego tolher a ideia empreendedora. Por possuírem estabilidade empregatícia, muitos empreendedores permanecem ocultos, sem *sair da toca,* com suas ideias de negócios evolutivos guardadas apenas em suas cabeças. Acabam sendo comedidos em excesso no desenvolvimento da própria consciência. Muitos empregos subjugam e tolhem o traf*or* empreendedor.

Pré-requisito. Para ser empreendedor não é necessário possuir carteira de trabalho.

Tempo. Experiência a ser evitada por qualquer consciência é a constatação em determinado período da vida humana do "agora não dá mais tempo". Não é possível mudarmos o passado, por isso todo esforço do empreendedor para estar atento ao *timming* evolutivo e não deixar passar as oportunidades será bem-vindo no futuro.

Sincronicidade. É necessário nível de abertismo íntimo para a pessoa ser capaz de compreender as sincronicidades relacionadas ao negócio proposto e também poder perceber as sinaléticas energéticas parapsíquicas a serem promovidas pelos amparadores nos momentos onde os mesmos desejam confirmar o direcionamento para determinado caminho.

Holopensene. Outro fato a estar atento é o padrão holopensênico no qual o empreendedor evolutivo está inserido para compreender melhor o nível das dificuldades a serem enfrentadas, e não pensar estarem em excesso para o caso em questão.

Existem países com mais e outros com menos oportunidades empreendedoras, e também existem regiões dentro dos países com diferenças nas oportunidades aos empreendedores iniciantes. Sem dúvida, essas diferenças influenciam sobremaneira o surgimento de novos negócios evolutivos.

Governo. Burocracia, corrupção e falta de incentivo governamental são capazes de gerar maior acomodação nos comedidos em excesso e indignação nos arrojados.

Exemplo. Alguns países, a exemplo do EUA e do Paraguai (Ano-base 2014), possuem legislação incentivadora do empreendedorismo com pouca burocracia e facilidade no financiamento de um novo negócio. Isso incita a população a desenvolver o traf*o*r empreendedor pelo estímulo do meio, pois ao mesmo tempo que o homem molda o meio no qual vive, o meio também molda o homem.

Arrojamento. A falta de arrojamento pode ser uma segurança para a pessoa sem vontade de correr riscos, mas ao mesmo tempo pode ser uma armadilha, predispondo recalques e arrependimentos. Sem tentativa não existe êxito.

Conclusão. Comedimento é bom, porém não em excesso.

Bibliografia

1. **Bechara,** et al.; ***Novíssimo AULETE – Dicionário Contemporâneo da Língua Portuguesa;*** Lexikon Editora; 1488p.; Rio de Janeiro, RJ; 2011; verbete comedimento.

20. DECIDOFOBIA X IMPULSIVIDADE

Definição. A própria palavra nos faz entender, *decidofobia* é o medo em tomar decisões, paúra em decidir algo ou a inação perante a necessidade de resolver alguma questão. A *decidofobia empreendedora* é o medo, a postergação ou a delonga do empreendedor teórico em colocar seu projeto de negócio em prática e se tornar um empreendedor de fato.

Gradação. A decidofobia possui diversos graus de manifestação, podendo ir de um simples receio freando uma vontade, no caso do excesso de comedimento (cap. 20), até um medo extremo incapacitando a conscin de ser produtiva em área onde seria capaz de agregar valor e desenvolvimento à sociedade.

Transtornos. Em alguns casos, quando a inação se torna rotina, a decidofobia pode estar relacionada a transtornos mentais, por exemplo a depressão, transtornos de ansiedade e TOC (transtorno obsessivo-compulsivo).

Plano. Pessoas sem experiência, mas com intenção de montar um negócio próprio, podem ser acometidas pelo medo de errar. Através de diversas abordagens, a psicologia explica as causas e motivos desse tipo de manifestação emocional. Uma dessas explicações é a necessidade de ser perfeito, o perfeccionismo. Baseado no orgulho pessoal, a conscin não admite passar pelo vexame de errar e se concentra então demasiadamente na construção de um plano de negócios perfeito.

Foco. O autor estadunidense Scott Gerber, em seu livro *Nunca Procure Emprego!* (2012, pág. 78) orienta as personalidades aficionadas em planejamentos teóricos, através de planos de negócios mirabolantes, com a seguinte frase: "*Concentre seus esforços em construir um negócio sólido, em vez de tentar escrever um plano perfeito*".

Coragem. Uma das hipóteses para a falta de disposição em sair do campo teórico e passar à prática é a falta de coragem do empreendedor novato. Na verdade, a falta de coragem é apenas o efeito aparente de dificuldades emocionais.

Taxologia. De acordo com a *Conscienciometrologia*, segue abaixo em ordem alfabética, 10 possíveis causas para a letargia em abrir um negócio próprio, seguidas de análise nos parágrafos subsequentes:

01. Ambiente social degradado. O desestímulo holopensênico.

02. Baixa autoestima. Os *inputs* patológicos desde a infância.

03. Déficit cognitivo. A dificuldade em visualizar soluções e traçar planos.

04. Déficit educacional. A precária base de conhecimentos.

05. Excesso de fartura. As facilidades excessivas, gerando maus costumes.

06. Falta de apoio familiar. A incompreensão do núcleo familiar.

07. Falta de experiência. O não saber como agir.

08. Falta de visão de conjunto. A negligência evoluciológica.

09. Orgulho pessoal. O medo de ferir a autoimagem.

10. Repressão familiar. Os pais mandando nas vontades dos filhos.

Ambiente. O padrão pensênico dos ambientes gera influência direta sobre a homeostase bioenergética, e consequentemente sobre as ações de qualquer conscin. A convivência em espaços de excelência homeostática, tal os *campi* da Conscienciologia, pode gerar efeito positivo nas energias conscienciais e na redução da letargia empreendedora.

Autoestima. O nível de autoestima com relação à capacidade de execução de novas tarefas importa sobremaneira na superação dos primeiros passos da experiência empreendedora. A autoestima adequada, nem baixa, nem exagerada, faz a conscin estar lúcida para seus próprios potenciais.

Cognição. A cognição, ou seja, a capacidade da consciência de ter ou adquirir conhecimento, é fator fundamental na formação do espírito empreendedor. Qualquer ação sem conhecimento de causa tende a ser um erro.

Educação. Sem estudo uma consciência se torna incapaz de conhecer a fundo determinado assunto, aumentando assim as chances de fracasso em qualquer empreitada. *Estudo: eis tudo.*

Fartura. O excesso de fartura na vida de um jovem pode vir a sufocar o impulso empreendedor na fase adulta. Possuir tudo, de *mão beijada*, é desestímulo para a ação empreendedora.

Família. A família nuclear forma a base educacional de qualquer conscin. Há famílias predispondo ao empreendedorismo e outras incitando a decidofobia.

Experiência. Possuir experiência em determinado assunto é a melhor solução para não errar. Porém, como adquiri-la sem agir? O melhor é sempre aplicarmos a técnica do 1% de teoria e 99% de prática.

Orgulho. Uma boa autoimagem social é dos bens mais cobiçados ainda em nossa dimensão intrafísica. Quando o empreendedor se preocupa menos com ela, e mais com autoevolução, perde o medo de errar e ser julgado, estando assim mais apto a enfrentar as dificuldades da ação empreendedora.

Repressão. A repressão dos pais, querendo determinar o futuro profissional dos filhos, é um *veneno* na ação empreendedora. O bom preceptor é aquele capaz de valorizar a vontade de seu pupilo.

Visão. Ao compreender a Evoluciologia, se torna impraticável desvalorizar o empreendedorismo e errar em não agir.

Estratégia. Um dos efeitos do déficit educacional e cognitivo é a incapacidade em traçar estratégias mentais para superar os obstáculos iniciais da inércia empreendedora. Sem uma estratégia mental do que fazer para iniciar um negócio, a tendência é não haver ação.

Capacidade. A decidofobia faz a conscin admiradora do empreendedorismo, estudada no assunto, com habilidades, condições e inteligência, não agir. Permanece então, olhando a vitrine do sucesso alheio.

Tipos. Existem dois tipos de consciências decidofóbicas no campo do empreendedorismo, conforme demonstrado abaixo:

1. **Recatadas.** Não expõem seus planos empreendedores, mas possuem desejo de empreender.
2. **Extrovertidas.** Falam, fazem planos e possuem diversos tipos de negócio em mente. Mas ficam apenas nisso.

Benefício. Um traço de personalidade comum aos empreendedores decidofóbicos, observado por este autor nas diversas conversas com candidatos a empreendedor, é o fato de desejarem os benefícios de possuir um negócio próprio e ser dono do próprio tempo. Contudo, não desejam o ônus da responsabilidade, preferindo manter um emprego, deixando as decisões para seus patrões.

Síntese. O empreendedor decidofóbico jamais será um empreendedor evolutivo. É necessário reciclar esse traço para poder empreender em alto nível.

Antítese. A antítese da decidofobia empreendedora é a impulsividade empreendedora.

Definição. De acordo com o dicionário Houaiss (2009) um sujeito impulsivo é aquele que age sob o impulso do momento, de maneira irrefletida, ou que se excita e se enraivece facilmente. A *impulsividade empreendedora* é o ato de empreender de modo impulsivo, sem visão de conjunto e com pouco ou nenhum planejamento, considerando apenas as variáveis observáveis do momento.

Idade. Apesar da impulsividade ser uma característica reconhecida da juventude, a impulsividade empreendedora não acomete apenas empreendedores jovens. Qualquer pessoa com desejo de alcançar o sucesso antes do trabalho, está fadada a cometer atitudes impulsivas.

Jovens. Porém, os jovens empreendedores possuem maior predisposição para agir impulsivamente, pelas características da idade. Muitos observam o sucesso de empreendedores já estabelecidos, e desejam alcançar tal condição da maneira mais rápida possível. São extremamente motivados, mas ao mesmo tempo ainda imaturos.

Planejamento. Ao contrário dos decidofóbicos, atendo-se longos períodos em análises para confecção do plano de negócios, o empreendedor impulsivo sequer deseja fazer um plano de negócios. Parte logo para a prática, sem pensar muito.

Sociedades. Estabelece então sociedades, faz parcerias, projeções de faturamento, adquire empréstimos e sonha, sonha e sonha.

Dificuldade. A impulsividade, em qualquer situação da ação humana, é negativa. Essa característica é ainda resquício do instinto animal de sobrevivência presente na espécie humana. Estamos contudo, na era da consciencialidade, onde o CI começa, aos poucos, fazer diferença através das ações de intermissivistas ressomados. *Impulsividade gera dificuldade.*

Detalhes. O empreendedor impulsivo não será capaz de se ater a detalhes importantes da formação de uma empresa. "Quem é precipitado ou impulsivo ignora a prevenção" (Vieira, 2014, pág. 323).

Banheiro. O filme *O Banheiro do Papa* (2007) retrata a história real da ação empreendedora de alguns homens e mulheres. A história tem como pano de fundo a visita do Papa da igreja católica a uma pequena cidade do Uruguai, divisa com o Brasil, de região pobre e povo necessitado. A análise acurada dos personagens e suas ações íntimas em busca de um negócio novo é de extrema relevância a todo tipo de empreendedor. No filme fica claro a ação dos impulsivos e dos decidofóbicos.

Acerto. Uma realidade é líquida e certa no mundo do empreendedorismo: todos vão errar em algo. Agir de modo acertado não significa ser impulsivo, nem decidofóbico, significa ser certeiro.

Concisão. Uma boa técnica para quem deseja contrabalancear a impulsividade e a decidofobia é o plano de negócios de *uma página.* Nem mais, nem menos. Ser conciso e prático, sem ser negligente nem precipitado com a empresa a ser criada.

Meio. Em termos solucionáticos para o dilema entre ação e indecisão, já no séc. V a.e.c., nos trabalhos de Zi Si (483-402 a.e.c.), discípulo de Confúcio (551-479 a.e.c.), podemos encontrar a solução entre o planejamento exacerbado e a ação impulsiva: *a filosofia do meio* (Zi Si, 2004).

Conclusão. Tanto o precipitado quanto o parado, erram. Ao buscar não repetir os mesmos erros, já se está acertando.

Bibliografia

1. **Gerber,** Scott; ***Nunca Procure Emprego! Dispense o Chefe e Crie o Seu Negócio Sem Ir à Falência;*** *Editora Évora;* 228p.; São Paulo, SP; 2012; pág. 78 e 83.

2. **Vieira,** Waldo; ***Dicionário de Argumentos da Conscienciologia;*** *Editares;* 1572p.; Foz do Iguaçu, PR; 2014; pág. 323.

3. **Zi Si; *A Filosofia do Meio;*** *Editora CEAEC;* 80p.; Foz do Iguaçu, PR; 2004.

Filmografia

1. *O Banheiro do Papa.* **Título Original:** *El baño del Papa.* País: Uruguai / Brasil / França. **Data:** 2007. **Duração:** 97 min. **Gênero:** Drama. **Idade** (censura): Livre. **Idioma:** Espanhol. **Cor:** Colorido. **Legendado:** Português. **Direção:** César Charlone & Enrique Fernández. **Elenco:** César Troncoso; Virginia Méndez; Virginia Ruiz & Mario Silva. **Produção:** Andrea Barata Ribeiro; Bel Berlinck; Serge Cartoire; Fernando Meirelles & Elena Roux. **Produção Executiva:** Claudia Buschel & Sandino Vinay. **Roteiro:** César Charlone & Enrique Fernández, baseado em fatos reais. **Cinematografia:** César Charlone. **Música:** Gabriel Casacuberta & Luciano Supervielle. **Figurino:** Alejandra Rosasco. **Edição:** Gustavo Giani. **Sinopse:** Baseado em um fato real, o filme retrata o impacto da visita do Papa João Paulo II, em 1988, em uma cidade do Uruguai, Melo, próxima à fronteira com o Brasil, onde muitos habitantes vivem de pequenos serviços, como contrabandear de bicicleta, produtos de consumo comprados em Aceguá, Rio Grande do Sul. A vinda do Papa é anunciada pela imprensa com grande alarde, estimando que milhares de pessoas viriam ao evento. No panorama de dificuldade de emprego e oportunidades, a vinda do Papa é vista pela população de Melo como uma oportunidade de abrandar a pobreza.

21. DIFICULTOSE

Definição. A *dificultose*, ou síndrome da dificuldade, ocorre quando a conscin cria tendência íntima de supervalorizar as dificuldades, procurando mostrar constantemente em sua manifestação a carga de percalços superada por ela, seja no presente ou em momento pretérito de sua existência.

Discurso. É comum observar em alguns empreendedores de sucesso, quando os mesmos são requisitados a contar suas histórias, um discurso focado na onerosidade de suas trajetórias, demonstrando um lado penso de suas vidas para valorizar o ego pessoal. Esse discurso é amplamente difundido na sociedade brasileira, sendo observado mesmo em empreendedores vindos de famílias com tradição em negócios bem-sucedidos.

Enfoque. É de extrema dificuldade para qualquer pessoa avaliar o nível de dificuldades enfrentadas por outrem. Não importa se o empreendedor vem de uma família rica ou pobre, se teve estudo ou não, cada pessoa possui dificuldades personalíssimas provenientes de seu microuniverso pessoal. Todos possuem trafores e traf*a*res. O melhor ao relatar a experiência empreendedora é focar sempre nas soluções encontradas pelo empreendedor para se superar e não valorizar as dificuldades para se mostrar superior aos demais.

Motivo. De acordo com a *Conscienciometrologia*, alguns motivos podem ser elencados para justificar a *dificultose* de empresários bem-sucedidos em seus negócios. Segue abaixo 5 traf*a*res relacionados com essa postura e as respectivas atitudes decorrentes, listados em ordem alfabética:

1. **Baixa autoestima.** Atitude da personalidade com necessidade de valorizar suas dificuldades para melhorar a autoestima.

2. **Catastrofismo.** Atitude da personalidade valorizadora de catástrofes, sugando energias dos ouvintes.

3. **Egocentrismo.** Atitude da personalidade se sentindo o centro do universo.

4. **Histrionismo.** Atitude da personalidade buscando atenção excessiva para si, através da comoção dos ouvintes.

5. **Narcisismo.** Atitude da personalidade com necessidade de admiração e hetero-aprovação.

Mérito. Todo o mérito deve ser dado às conscins capazes de superar os percalços apresentados pela vida. Porém existem alguns vícios nas histórias contadas por esses empreendedores.

Vícios. Ao falar sobre o início dificultoso e de extrema penosidade, esses empreendedores acabam mostrando uma realidade inacessível àqueles com intuito e vontade íntima capaz de estabelecerem um negócio próprio.

Auxílio. Em primeiro lugar, nenhuma consciência sequer é capaz de nascer se não houver o auxílio de outrem. Durante 9 meses, protegidos no útero e com comida disponível, é necessária a assistência da mãe para nascer. Este fato indica que, para ser bem-sucedido em um negócio, envolvendo uma série de outras pessoas, também é necessário permitir ser assistido.

Abertismo. Normalmente, apenas quando o empreendedor se abre intimamente para receber auxílio de outrem, se torna capaz e cria as condições necessárias para conceber um negócio de sucesso. Enquanto estiver focado apenas no seu ego, a tendência é realizar empreendimentos medíocres do ponto de vista evolutivo.

Pobreza. O fato de supervalorizar a condição de pobreza, já comentado no capítulo anterior, é ruim, pois acaba incutindo na mente do ouvinte a condição de haver mais mérito ao montar um negócio quando se é pobre. Vem aqui o questionamento: será mesmo?

Falácia. Na opinião pessoal desse autor esse argumento de mérito não deixa de ser uma falácia, pois considera apenas *uma* condição, não levando em consideração o fato de cada empreendedor, não importando sua condição social, possuir dificuldades múltiplas para estabelecer um negócio próprio.

Riqueza. Vale lembrar para quem já estudou o tema, os inúmeros desafios sofridos por famílias tradicionais acumuladoras de capitais, para manterem os negócios dos patriarcas funcionando. Alguns empreendedores herdeiros enfrentam cenário hostil e dificultoso a ponto de não conseguirem levar adiante os negócios herdados dos pais ou avós. Considerando esse caso, a maior dificuldade seria nascer pobre e ter de criar um negócio novo ou já nascer com a incumbência de assumir negócio em pleno funcionamento? Haverá mérito maior de um ou de outro? A resposta óbvia é: *cada caso é um caso.*

Intraconsciencialidade. O maior desafio a ser superado pela consciência empreendedora não está em montar uma empresa e formar seu pé-de-meia. Está em burilar a intraconsciencialidade e alcançar o completismo existencial. Quando se pensa em Evoluciologia, riqueza e pobreza se tornam secundários.

22 SOCIOMIOPIA

Definição. Do ponto de vista do empreendedorismo, *sociedade* é o agrupamento de duas ou mais pessoas responsáveis pela administração, gestão e integralização de capitais de uma empresa, estando estes formalmente registrados no contrato social, e respondendo legalmente pelos atos da organização.

Maturidade. Para saber para quais consciências deve-se dar importância e valor nessa vida intrafísica, e consequentemente formar uma sociedade, deve-se primeiro buscar vivência de inter-relacionamentos com o maior número de pessoas possível. Só assim será possível tecer avaliação acurada dos possíveis sócios em um negócio e minimizar os erros na formação societária.

Taxologia. De modo geral, a concepção de sociedades é baseada na união de interesses. Existem diversas formas de montar uma sociedade, conforme a predisposição de atuação e características de cada sócio. Do ponto de vista da formação societária, segue abaixo 4 maneiras de se compor uma, com um ou mais sócios, e suas respectivas características:

1. **Complementar.** Embasada na união de habilidades para um fim comum. Por exemplo, um sócio técnico e outro executivo.
2. **Equivalente.** Embasada na união de trafores semelhantes. Por exemplo, dois sócios técnicos.
3. **Investidor.** Sociedade onde um dos sócios entra apenas com o dinheiro.
4. **Trabalho.** Sociedade onde um dos sócios se predispõe a trabalhar, sem investir dinheiro.

Foco. Não importa o tamanho da empresa ou o ramo de atividade, sociedades existem para se alcançar o objetivo almejado por seus sócios.

Falha. Rápida pesquisa na mídia ou mesmo através de enquete com pessoas conhecidas pode levar o interessado no assunto à seguinte conclusão: *sociedades falham*. São inúmeros os casos de empresas promissoras, com sócios motivados e produtos com potencial de mercado, fechando as portas ou desviando do caminho planejado em sua concepção por falta de preparo na formação societária (V. **Sorkin;** Andrew; O Estado de S. Paulo; Negócios; ***Herdeiro Polêmico Resiste à InBev – Presidente da Anheuser já disse que não Pretende Vender Empresa;*** São Paulo, SP; 19.06.08; página B21)

Casuística. Um caso interessante a ser observado nesse ponto é do empresário Eike Batista (1956-). Considerado uns dos homens mais ricos do mundo em 2012 pela revista *Forbes*, em 2013 o mundo descobriu o fato de grande parte de seus negócios, em estágios pré-operacionais, serem promessas difíceis de se realizar. Com isso, além de Eike ter visto seu patrimônio, em grande parte baseado em ações, desmoronar de um dia para outro (de U$30 bi para U$900mi), levou uma série de parceiros e acionistas minoritários a perder grandes montas de dinheiro. (Fonte: http://economia.estadao.com.br/noticias/economia-geral,eike-batista-que-ja-foi-o-7-mais-rico-do-mundo-nao-e-mais-bilionario,163588,0.htm, acessado em 18.07.14).

Formação. As sociedades empresariais podem surgir por diversos motivos. Desde uma amizade existente entre interessados em um negócio, até a união de habilidades em alguma área de atuação. Porém, o interesse pelo mesmo projeto empresarial é fator transversal e está na gênese de qualquer formação societária.

Questionologia. Nesse ponto podemos questionar: se o interesse é comum às pessoas participantes da sociedade, por que muitas delas falham?

Sociomiopia. Para explicar essa falha na formação societária, proponho aqui, o termo *sociomiopia*. A *sociomiopia* ocorre quando existe uma falha na avaliação global dos integrantes da sociedade, principalmente no ato de sua formação, não sendo capazes de avaliar as discrepâncias entre os interesses, os objetivos e os valores empresariais, predispondo assim a dificuldades evitáveis ao longo do processo empreendedor.

Distorção. Podemos exemplificar essa distorção analisando a formação fictícia de uma sociedade (baseada em fatos). Imagine dois melhores amigos que resolvem montar uma construtora de obras - uma necessidade no Brasil no ano de 2014. Ambos possuem os mesmos interesses societários de ganhar dinheiro. Porém um deles é extremamente cauteloso com o meio ambiente e tem por objetivo formar uma empresa ambientalmente correta, com as certificações ISO, para ser exemplo de mercado. O outro, considera o tema socioambiental importante, porém não enxerga necessidade disso em sua empresa e não deseja investir dinheiro nas certificações.

Negligência. O tema discrepante acaba sendo levantado em algumas conversas durante a formação da sociedade, mas para não causar constrangimento mútuo nesse momento mágico de concepção do negócio, onde os sonhos e as esperanças florescem e a vida fica mais interessante, ambos resolvem deixá-lo para outro momento, priorizando as ações práticas. O tema é então negligenciado, porém não resolvido.

Prazo. Com o desenrolar do negócio, essa diferença começa a ficar cada vez mais presente nas discussões dos sócios/amigos, pois um considera as certificações fonte de maior lucro para a empresa, já o outro não pensa assim, vendo nisso desperdício de recursos e tempo.

Objetivos. Pode-se observar então, ambos com os mesmos interesses empresariais (lucro através de uma construtora) porém, enquanto um tem o objetivo de possuir uma empresa ambientalmente correta, o outro tem o objetivo formar uma empresa comum. A discrepância do valor pessoal com relação ao cuidado com meio ambiente fica aparente.

Dissolução. Essa desavença na forma de pensar (Pensenologia) pode acabar gerando desgastes, até chegar ao ponto onde os sócios amigos decidem dissolver a sociedade, com prejuízos para ambos os lados. Nesse exemplo, a *sociomiopia* se caracteriza no momento da formação societária, em virtude da falha de avaliação dos interesses dos sócios no momento da concepção da empresa.

Amizade. Essa dissolução pode gerar estremecimento dos laços de amizade, estendido inclusive aos demais membros das famílias, pois o ambiente de convivência fica carregado pela desavença ocorrida. É necessário discernimento evolutivo e maturidade intraconsciencial de todos os envolvidos para, em um caso como esse, não haver prejuízos além das somas investidas.

Avaliação. A profilaxia da *sociomiopia* está assentada na auto e heteroconscienciometria dos sócios empreendedores. Ou seja, ambos precisam conhecer profundamente os aspectos de cada personalidade envolvidos na formação, gestão e evolução societária, para estarem preparados para um negócio evolutivo.

Questionologia. Segue abaixo 13 questionamentos, listados em ordem lógica, a serem feitos primeiro intimamente, depois junto ao provável sócio, antes de compor qualquer sociedade, visando a profilaxia da *sociomiopia* e a criação de sociedades evolutivas e duradouras:

01. Objetivos. Os objetivos societários estão *bem* alinhados?

02. Temperamento. Conheço *bem* o temperamento do meu sócio?

03. Convergência. Nossos temperamentos são convergentes ou divergentes?

04. Complementaridade. Existe complementaridade de traf*o*res em nossa sociedade?

05. Traf*a*res. Os traf*a*res de ambos são mutuamente conhecidos?

06. Sobrepairamento. Sou capaz de sobrepairar os traf*a*res do meu sócio para o bem da sociedade?

07. Cosmoética. Existem traf*a*res ou traf*a*is arraigados em algum dos sócios, capazes de comprometer a cosmoética da empresa?

08. Tolerância. Há certeza de tolerância de ambas as partes, perante os erros alheios?

09. Clareza. Há clareza para ambos em como a sociedade deve funcionar?

10. Empolgação. O projeto está baseado na empolgação ou no discernimento de ambos?

11. Intencionalidade. Existe alguma intenção não revelada entre os sócios?

12. Assédio. Existe algum assediador incentivando essa sociedade?

13. Amparo. Algum amparador se mostrou presente durante as conversações para formação da sociedade?

Temperamentologia. A análise do temperamento dos sócios, principalmente se ambos trabalharão dia a dia em conjunto, é fundamental para evitar surpresas insuperáveis durante a evolução do negócio em questão. Faculta antever possíveis reações, impedindo desgastes e aumentando o nível de intercompreensão societária.

Complementaridade. O melhor é sempre buscar a complementaridade de temperamentos. Dois sócios com temperamentos muito parecidos, por exemplo, dois empreendedores líderes, acostumados a estar sempre à frente nas tomadas de decisões, podem não ser tão produtivos como a dupla formada por um empreendedor líder e outro técnico. Nesse caso, as tarefas podem ser melhor dividas, gerando inclusive menor possibilidade de conflitos, pois como diz o ditado: "*Nimia familiaritas parit contemptum*" (A familiaridade excessiva gera rejeição) (Tozi, 2010, pág 576).

Parentes. O ditado acima serve ainda para o caso de sociedades formadas por parentes, onde a familiaridade excessiva gera rejeição pela falta de limites no relacionamento interpessoal, podendo agravar ainda mais as dificuldades vivenciadas na formação e evolução de um negócio.

Exceção. Empresas formadas por parentes, onde todos trabalham na operacionalização do negócio, existem e a observação na sua forma de funcionar reforça os argumentos acima. Empresas familiares funcionam bem quando cada sócio possui sua atribuição, há respeito e confiança interpessoal. Em entrevista realizada para coleta de informações para esse livro, um dos sócios de uma das maiores fábricas de álcool do Brasil, onde 4 irmãos fazem a gestão executiva, relatou categoricamente "as coisas só funcionam aqui porque um não se intromete no setor do outro e cada um tem com o que se ocupar".

Intencionalidade. Na vida em sociedade, qualquer relacionamento para ter sucesso e ser duradouro, seja entre amigos, parentes ou afetivo, requer clareza nas intenções. Na sociedade empresarial, as intenções devem ser esclarecidas desde a primeira conversa, com a maior profundidade possível, antes de se efetivar qualquer assinatura de papéis e compromissos legais.

Empolgação. Algo a ser refletido é a empolgação. Basta andar pelos corredores de qualquer faculdade de administração para observar grupos de jovens extremamente empolgados nos seus projetos empresariais, pensando na formação de sociedades e nos lucros exorbitantes a serem auferidos rapidamente. *A sabedoria goteja* (Vieira, 2009, pág. 306).

Cegueira. Ao empreendedor jovem-inversor cabe o seguinte questionamento: *minha empolgação com essa sociedade está me cegando em algum aspecto?*

Escolha. Qualquer ambiente de manifestação consciencial na dimensão intrafísica reflete o padrão de energias das consciências líderes do local. A empresa não é diferente. Para formarmos sociedades empresariais com possibilidades de sucesso, e auxiliadoras da evolução no planeta, precisamos buscar sócios com padrão de energias positivo. A auto e heteroconscienciometria são de fundamental importância para as atividades do empreendedor evolutivo.

Perfil. Uma sociedade composta por pessoas com diferenças estruturais de perfil consciencial é como se fosse um trem com um maquinista em cada ponta, fazendo força no sentido contrário. Uma hora os vagões se desprendem.

Taxologia. Segue abaixo a definição de 3 tipos de sociedades, formadas de acordo com a evolutividade dos sócios e dos propósitos da empresa:

1. **Evolutiva.** A empresa evolutiva, formada por empreendedores evolutivos, e caracterizando o empreendedorismo evolutivo, irrompe quando a dinâmica societária serve de alavanca evolutiva para todos os membros envolvidos na organização, através da interassistencialidade, sem deixar o lucro de lado.

Discernimento. Nesse caso, a necessidade do dinheiro para sobrevivência na dimensão intrafísica é compreendida, porém não sobreposta à cosmoética.

2. **Anticosmoética.** Já a sociedade anticosmoética ocorre quando um dos sócios, ou algum funcionário com poder decisório na empresa, permeia a dinâmica empresarial com intenções espúrias, na maioria dos casos visando o lucro acima de qualquer princípio. Cria-se assim, holopensene antievolutivo.

3. **Camaleão.** Não é difícil encontrarmos ainda outro tipo de sociedade, a camaleão, onde há mudança de postura durante o desenvolvimento da empresa. No início, na dificuldade, os sócios eram amigos e unidos em torno do mesmo objetivo. Mas quando ambos ficam ricos, a intolerância também enriquece, e a desunião é o melhor caminho encontrado.

CCCI. Sociedades empresariais formadas por membros integrantes da CCCI (Comunidade Conscienciológica Cosmoética Internacional) são de funcionamento complexo devido ao nível de atividades já comprometidos no seu trabalho de voluntariado nas Instituições Conscienciocêntricas.

Preceitos. Para uma melhor análise sobre a formação societária nesse caso, alguns preceitos podem ser observados e ponderados, para compreensão sobre as implicações em estabelecer um nível de envolvimento mais profundo ao já estabelecido nas práticas do voluntariado conscienciológico. Segue abaixo 05 preceitos, listados em ordem lógica, baseados na observação da dinâmica comunitária da CCCI, para análise do voluntário interessado em criar uma empresa com sócios conscienciólogos:

1. **Assedialidade.** *Brechas* na dinâmica empresarial podem ser utilizadas por assediadores para inviabilizar projetos de voluntariado interassistencial, sediados na IC onde os sócios atuam. Principalmente se os mesmos forem gestores em ambas as instituições.

2. **Exposição.** O nível de exposição interpessoal aumenta consideravelmente entre os membros da sociedade, pois já existe um nível prévio de exposição causado pela prática do voluntariado, muitas vezes crítico pelos projetos de ponta desenvolvidos.

3. **Tolerância.** Conforme já explicitado em parágrafo anterior, quando a familiaridade é excessiva, as chances de haver intolerância são claras. Amizade, voluntariado e sociedade ainda têm gerado, na prática, níveis de intolerância inviabilizadores de alguns empreendimentos.

4. **Acareações.** Em uma comunidade aberta, a exemplo da CCCI, as acareações são constantes, expondo assim os sócios a uma dinâmica de inter-relacionamentos diferente da observada em empresas convencionais. Porém, essa é a dinâmica vislumbrada pelo empreendedorismo evolutivo, onde não existe "tapete" para esconder qualquer posicionamento pessoal. Sem abertismo mútuo, a tendência é o trabalho ficar mais difícil para ambos.

5. **Profilaxia.** A melhor condição para não errar nesse caso é fazer a profilaxia dos erros societários, no início, explicitando todos os assuntos possíveis entre os sócios para se chegar a uma coesão de ideias e princípios. Assim, se cultiva a liberdade íntima para questionar, e a busca da resolução de qualquer conflito, através do princípio do melhor para todos.

Advertência. Uma advertência cabe nesse momento, capaz de abrir os olhos quanto à *sociomiopia*: não se pode pensar em ficar rico rápido, sem esforço e persistência. Caso muito dinheiro chegue muito rápido em suas mãos, é importante *abrir os olhos*. A fonte pode ser o assédio.

Persistência. Em entrevista à revista Veja, o ex-jogador de basquete Oscar, maior pontuador do basquete mundial com 49.737 pontos (Ano-base 2013) e conhecido por Mão Santa pela precisão de seus acertos, rebateu o repórter dizendo: "Mão Santa é o caramba! É Mão treinada!". (**Salvador,** Alexandre; ***"Este Tumorzinho Pegou o Cara Errado";*** *Veja;* Revista; Semanário; Ed. 2337; Ano 46; N. 36; Seção: *Entrevista;* São Paulo, SP; 04.07.13; páginas 15 a 19).

Amparo. Sejamos amparadores em qualquer lugar, inclusive na empresa e nos negócios.

Bibliografia

1. **Salvador,** Alexandre; ***"Este Tumorzinho Pegou o Cara Errado";*** *Veja;* Revista; Semanário; Ed. 2337; Ano 46; N. 36; Seção: *Entrevista;* São Paulo, SP; 04.07.13; páginas 15 a 19.

2. **Sorkin;** Andrew; O Estado De S. Paulo; Negócios; ***Herdeiro Polêmico Resiste à InBev - Presidente da Anheuser já disse que não Pretende Vender Empresa;*** São Paulo, SP; 19.06.08; página B21

3. **Tozi,** Renzo; ***Dicionário de Sentenças Latinas e Gregas;*** *Martins Fontes;* 904p.; São Paulo, SP; 2010; pág. 576; sentença 1276.

4. **Vieira,** Waldo; ***Manual dos Megapensenes Trivocabulares;*** *Editares;* 378p.; Foz do Iguaçu, PR; 2009; pág. 306.

Webgrafia

1. Disponível em: http://economia.estadao.com.br/noticias/economia-geral,eike-batista-que-ja-foi-o-7-mais-rico-do-mundo-nao-e-mais-bilionario,163588,0.htm, acessado em 18.07.14.

23. AMARRAS GRUPOCÁRMICAS – OS CLÃS EMPRESARIAIS

Definição. De acordo com o dicionário AULETE (2011) o verbo *amarrar* possui 13 acepções. Na definição concernente ao universo da Evoluciologia, significa prender ou prender-se moralmente. A *amarra grupocármica* é a condição na qual a consciência está presa a outras devido a atos anticosmoéticos praticados em conjunto, seja em passado recente ou distante, nesta ou em outra vida, causando interprisões grupocármicas.

Esquema. Existe uma palavra no jargão empresarial capaz de demonstrar um passo decisivo para a interprisão grupocármica: *esquema.*

Taxologia. O *esquema empresarial* ocorre quando um ou mais empresários agem de maneira fraudulenta e anticosmoética, visando o lucro pelo lucro, sem pudor nem qualquer tipo de consciência social. Segue abaixo, listados em ordem alfabética, entre muitos outros, 10 tipos de *esquemas* possíveis de serem montados em uma empresa, todos visando o lucro rápido e fácil, encaminhando seus promotores inevitavelmente para a *melin*, e consequentemente a *melex*:

01. ***Esquema da pirâmide.*** A fascinação de grupo pelo dinheiro fácil e sem trabalho.

02. ***Esquema de adulteração.*** A adulteração de produtos. Vender *gato por lebre.*

03. ***Esquema de contrabando.*** Venda e compra de mercadorias de modo ilegal.

04. ***Esquema de falsificação.*** Falsificar qualquer tipo de documento para obter vantagem.

05. ***Esquema do seguro.*** Forjar o roubo de um carro para receber dinheiro do seguro.

06. ***Esquema do suborno.*** O suborno às autoridades para cometer um delito.

07. ***Esquema fiscal.*** Fraude no recolhimento de tributos.

08. ***Esquema licitatório.*** Fraude em licitações.

09. ***Esquema político.*** Troca de favores entre empresários e políticos em detrimento do povo.

10. ***Esquema trabalhista.*** Fraude no cumprimento às exigências das leis trabalhistas.

Clãs. Outra demonstração clara da condição de interprisão grupocármica é a formação de clãs baseados no poderio econômico, estabelecendo muitas vezes verdadeiras facções.

Afinidades. Importante destacar que a concepção de sociedades ocorre sempre pela afinidade entre os sócios, positiva ou negativa. Podem surgir através de oportunidade de negócio, de herança familiar ou mesmo da simples vontade de ganhar dinheiro entre amigos.

Qualificação. As ações geradas pelos empreendedores, grandes ou pequenos, podem ser libertadoras ou amarradoras das próprias ações conscienciais.

Liberdade. Ações libertadoras permitem à conscin cada vez mais opções de escolha em sua caminhada evolutiva. Tais atos possuem, invariavelmente, característica assistencial de doação.

Amarração. Paradoxalmente, os atos capazes de criar interprisões grupocármicas e amarrar as ações das consciências perante a evolução, são aqueles onde se pensa muito no próprio bem-estar e pouco no bem-estar das consciências em torno. A lógica evolutiva é inversa à logica do capitalismo selvagem.

Consequências. É possível ao empreendedor obter cada vez maior liberdade evolutiva quando seu negócio possui bases cosmoéticas e visa a interassistencialidade. Em outro extremo, é possível amarrar-se intraconsciencialmente com os sócios, funcionários, fornecedores e clientes, caso o negócio possua bases anticosmoéticas.

Origem. A reunião social em clãs está no cerne da amarração grupocármica nas empresas. Para compreender melhor o conceito de clãs, basta observar a formação de determinados agrupamentos sociais, suas origens e consequências.

Fatrias. A obra de Fustel de Coulanges (1830-1889) *A Cidade Antiga* (2005), descreve a formação sociológica das cidades. Na página 95, pode-se observar tal formação através de um crescendo, tendo sua base na família nuclear. Com o tempo as famílias foram se agregando e formaram as fatrias. O conjunto de fatrias deu origem às tribos e o conjunto de tribos formou a cidade.

Clãs. Observa-se então a origem das cidades no clã familiar onde as regras são ditadas pelo patriarca. As grandes famílias empreendedoras, possuindo negócios bilionários e dominando parte do poder econômico de uma região através de sociedades fechadas, exploradoras, são na verdade variação do processo primitivo dos clãs, base multimilenar da formação social. Demonstração clara de interprisão grupocármica entre os membros pela falta de abertismo nas práticas empresariais.

Intermissivo. O intermissivista ressomado deve estar atento a qualquer tipo de castração em seus posicionamentos avançados advindos do *Curso Intermissivo. Mata-burro* comum é a pressão para assumir algum tipo de compromisso inviabilizador da difusão de ideias de ponta livremente através da ascensão para cargo de chefia em empresa familiar.

Compromisso. Qualquer compromisso assumido nesse sentido deve sempre ser avaliado considerando as possibilidades de autogestão evolutiva. Sem imposição de *cangas*.

Sustentabilidade. Ao empreendedor evolutivo é sempre importante manter a capacidade de defender as próprias ideias sem correr o risco de perder seu sustento. Há chefes-empresários patrulhadores ideológicos, mesmo no séc. XXI.

Chantagens. Nos casos dos clãs familiares-empresariais, uma estratégia dos assediadores de *Curso Intermissivo* é inserir o intermissivista nos negócios, onde ficará sob a tutela dos familiares e os mesmos possuirão o poder de promover chantagens, caso haja a intenção de tornar o negócio evolutivo.

Questionologia. Existe no entanto, autoquestionamento capaz de criar profilaxia para esse tipo de *mata-burro: minha escolha trará maior ou menor autonomia evolutiva?*

Rabo. Postura de extrema relevância no caso de hereditariedade nos negócios é atuar de modo a não deixar pendências, seja no caso da assunção ou da recusa à empresa da família. Todos entram em uma família nesta vida para um dia sair dela.

Mudança. Nos grupos em interprisão grupocármica, a reciclagem evolutiva de algum dos membros, geradora de maior autonomia evolutiva, pode não ser simpática aos demais. Familiares, colegas de serviço ou amigos incomodados com tal postura, podem vir a funcionar como assediadores.

Autocrítica. O intermissivista ressomado deve a todo tempo autoquestionar se de alguma forma está entrando em alguma amarra grupocármica através de suas posturas, ligações, contatos, negócios ou empreendimentos empresariais.

União. Quando um grupo está ainda muito junto, unido ao extremo, sem liberdade e interdependência, é sinal de interprisão grupocármica.

Preço. As interprisões grupocármicas ocorrem quando há ganhos secundários de ambas as partes. Ao intermissivista envolvido em amarras empresariais, sejam familiares ou não, é importante lembrar: toda desamarração possui um preço e um dia precisará ser pago.

Bibliografia

1. **Bechara,** et al.; ***Novíssimo AULETE – Dicionário Contemporâneo da Língua Portuguesa;*** *Lexikon Editora;* 1488p.; Rio de Janeiro, RJ; 2011; verbete amarrar.

2. **Coulanges,** Fustel de; ***A Cidade Antiga;*** Trad. Heloisa da Graça Burati; 304 p.; 1ª Ed.; *Editora Rideel;* São Paulo, SP; 2005; página 95.

24 LEI DO RETORNO

Definição. A palavra *retorno* possui diversas definições em várias linhas do conhecimento humano. A definição concernente ao tema em questão é *retorno* representando qualquer restituição ou recompensa oriundos das práticas empresariais, com implicações nos mais diversos ramos da vida consciencial. É a volta de um favor ou dádiva, um revide ou uma réplica, com fato gerador baseado nas ações do empreendedor.

Revolta. A revolta íntima é inútil. Os fatos ocorrem em nossas vidas obedecendo a uma série de pré-requisitos para sua realização. Fatos não ocorrem ao acaso. Situações nunca ocorrem do nada. Sempre há um antes, uma história prévia. Essa história prévia formou o presente e o presente está formando o futuro, a cada instante. Assim funciona nossa dinâmica existencial, inclusive nas empresas.

Observação. Basta estar atento para observar a fonte geradora de cada fato na vida de qualquer conscin. Quando algo diz respeito ao egocarma, essa observação fica mais fácil. Todavia, quando envolve maior número de pessoas, e também uma pessoa jurídica em funcionamento, é necessário examinar atentamente para compreender a dinâmica dos acontecimentos.

Compreensão. Falta de compreensão significa falta de observação e de inteligência.

Finanças. Em nossa sociedade capitalista podemos encontrar diversos casos de revés financeiro com empresários cuja preocupação principal da vida intrafísica foi primordialmente ganhar dinheiro. Abaixo, a título de exemplo, 4 títulos de matérias da mídia nacional, de diferentes épocas, reforçando o argumento acima, listados em ordem de publicação:

1. ***Nada é tão perigoso quanto o sucesso*** – Revista Exame; 28.04.93.

2. ***Por que as empresas quebram*** – Revista Veja; 31.03.99.

3. ***Mau gerenciamento leva à falência*** – O Estado de S. Paulo; 08.06.08.

4. ***Lição do primeiro fracasso alimenta sucesso posterior*** – Folha de S. Paulo; 06.11.11.

Patologia. Em casos extremos de perda de *status social* e *poder*, a repercussão na vida de um empresário pode ocorrer com extrema intensidade, culminando inclusive em distúrbios mentais. Alguns chegam a assassinar e até mesmo cometer suicídio, exemplo do caso ocorrido na cidade do Rio de Janeiro, do pai de família que matou a mulher e as duas filhas, e após se suicidou, depois de ter ido à falência e perdido todo o *status social* conquistado com seus negócios (V. **França,** Ronaldo e **Rogar,** Silvia; ***Era uma vez uma Família Feliz – Num crime que chocou o Rio de Janeiro, engenheiro mata a tiros a mulher e as duas filhas e comete suicídio;*** Veja; Revista; Semanário; Seção: Geral; 2 fotos; São Paulo, SP; 04.06.03).

Questionologia. Pode-se perguntar então: se o empresário pensou e trabalhou a vida toda para auferir lucro e ter estabilidade financeira, por quê esse revés ocorre?

Advertência. Obviamente, os casos empresariais são diversos e ocorrem de diversas maneiras, dependendo dos atores envolvidos e das circunstâncias sociais. Quando acrescentada a essa questão as circunstâncias parassociais e o nível evolutivo de cada consciência, pode-se então observar a complexidade para analisar a *lei do retorno* com o enfoque do empreendedorismo evolutivo. Uma tarefa digna de evoluciólogos.

Vivência. Porém, a vivência pessoal do autor obriga o relato do ponto de vista formado a partir dos fatos observados na prática do empreendedorismo evolutivo, como verdades relativas de ponta, auxiliando dessa forma na profilaxia de futuros erros.

Borboleta. Os efeitos de nossas ações na vida humana não são diretamente proporcionais, como bem explicita a célebre frase da teoria do *efeito borboleta* onde *um simples bater de asas de uma borboleta na América pode gerar um tufão no Japão.*

Benefícios. As ações empresariais podem gerar inúmeros benefícios para o empreendedor e a sociedade. São fonte de desenvolvimento social e as empresas fazem parte da própria evolução da vida na Terra, pois são agentes de geração, implantação e expansão do conhecimento. Contudo, se essas ações forem anticosmoéticas, mesmo gerando benefícios sociais, os benefícios para o empreendedor serão apenas materiais, não existindo evolutividade no processo.

Fonte. Basicamente existem duas fontes de fracasso empresarial: a ignorância e a anticosmoética.

Ignorância. Por motivos óbvios, a ignorância e os demais aspectos envolvendo esse traf*ar*, em determinado momento, acabam levando o empresário a ações fracassadas e, caso não haja aprendizagem com os erros (recin) através da mudança de atitudes, para uma possível falência.

Taxologia. Seguem abaixo, enumerados em ordem alfabética, 15 aspectos conscienciais derivados ou originários da *ignorância* visando expandir a compreensão sobre os reflexos das ações empresariais fracassadas:

01. **Avareza.** O dinheiro pelo dinheiro.

02. **Bairrismo.** A defesa do *meu* em detrimento do *nosso*.

03. **Comodismo.** A acomodação intelectual predispondo a erros.

04. **Corruptibilidade.** O egoísmo na prática.

05. **Egoísmo.** O *eu* acima do *nós*, sempre.

06. **Esnobismo.** O desdém ao próximo.

07. **Fechadismo.** A falta da visão de conjunto conscienciológica.

08. **Ganância.** O querer ganhar a qualquer custo.

09. **Inércia.** A falta de proatividade.

10. **Materialismo.** A ideia materialista predispondo a inconsequências evolutivas.

11. **Megalomania.** A desconexão com a realidade.

12. *Miserê.* A economia desmedida, inclusive nos resultados positivos.

13. Monovisão. O visão tacanha do interiorota (interiorano idiota).

14. Narcisismo. O eucentrismo sendo as lentes para enxergar o mundo.

15. Sociosidade. A supervalorização da autoimagem social.

Anticosmoética. Enquanto existe lógica óbvia quanto aos malefícios capazes de serem gerados pela ignorância nas práticas empresariais, a cosmoética é ainda hoje (Ano-base 2014) obscura e desconhecida para a grande maioria dos empresários, pois exige reflexão e raciocínio evolutivos. A condução de uma empresa de modo anticosmoético, visa apenas o dinheiro pelo dinheiro, sem pensar em assistencialidade. Esses 06 títulos de matérias publicados em jornais e revistas ilustram a maneira anticosmoética de conduzir negócios, presente ainda no dia a dia do planeta:

1. **Suspeitos de cartel levaram R$1,2 bilhão do governo - investigadas pelo Cade, 10 empresas receberam verbas milionárias;** O Globo; 18.08.13.

2. **Tribunal de Contas paulista quer barrar contratos do cartel do trem com Estado;** O Estado de S. Paulo; 20.08.13.

3. **J.P. Morgan admite 'conduta irregular e paga US$ 920 milhões em multas;** Valor; 20, 21 e 22.09.13.

4. **Tempestade de erros - companhia esconde reforma de R$ 15 milhões nos andares da diretoria, promove política salarial obscura e paga prêmio de seguro 600% maior;** Dinheiro; 04.04.01.

5. **Ficou mal na foto - acusações de desvios e suposto envolvimento da máfia mancham a imagem da japonesa Olympus;** Veja; 02.11.11.

6. **Laudo comprova irregularidades no Wal-Mart;** O Estado de S. Paulo; 06.03.99.

Matéria. Um dos motivos pela baixa compreensão cosmoética da grande maioria do empresariado, além do engano em ver o mundo sob a ótica exclusivamente materialista, é o fato de ações anticosmoéticas gerarem muitas vezes lucro maior se comparado a ações enquadradas nas leis.

Fracasso. Porém, esse é um fato com data e hora marcada para o revés. Quando um empresário se envolve em ações anticosmoéticas para poder angariar maior lucro em seus negócios, por exemplo, subornando uma licitação ou adulterando um produto ou serviço, seus dias de sucesso estão contados de maneira óbvia e clara, através de dois mecanismos evolutivos:

1. **Verdade.** A descoberta da farsa e consequente punição.
2. **Melex.** A vida baratrosférica no *post-mortem.*

Traficantes. Essa questão fica ainda mais nítida no caso de traficantes de drogas. Com ascensões materiais fantásticas, capaz de deixar qualquer empreendedor bem-sucedido para trás, a vida dessas conscins se transforma em um conto de fadas da noite para o dia. Apartamentos caros, casas na praia, carros conversíveis, aviões, reconhecimento social e de repente, a prisão.

Doença. Não é incomum observar alguém detentor de poder material e social passando dificuldades emocionais, geradas por doença ocorrida consigo ou com alguém da sua família. Uma doença, em alguns casos, pode gerar reflexões forçadas nos indivíduos que trabalharam apenas para si e para seu clã a vida toda, e consequentemente predispor a uma reciclagem intraconsciencial (recin). Um acidente também pode possuir a mesma capacidade de gerar essa reflexão.

Motivo. Isso acontece pois a evolução consciencial ocorre nesta dimensão intrafísica, palco da manifestação conjunta de consciências em diversos níveis evolutivos. Assim sendo, a uma conscin muito poderosa e egocêntrica, apenas algo fora do seu controle material é capaz de sensibilizar sua intimidade para alguma mudança.

Revés. Em alguns casos, esse revés nada tem a ver com questões materiais e pode ocorrer em tempo e época distantes da ascensão financeira do empreendedor. Em algum momento da caminhada evolutiva, a intraconsciencialidade inevitavelmente sentirá o revés das ações anticosmoéticas praticadas pela consciência, sejam essas ações relacionadas com dinheiro e poder, ou não.

Domínio. Dinheiro e poder podem promover falsa sensação de segurança. Dinheiro é necessidade e meio para se viver. Poder intrafísico é passageiro e capaz de cegar quem o tem. Precisamos buscar o poder consciencial pelo domínio da nossa manifestação. *Poder real, poder consciencial.*

Discrepância. A vida no intrafísico é dúbia. Ganhar, muitas vezes, significa perder a longo prazo. E a perda, vista socialmente como negativa pelo senso da competitividade, pode significar o melhor evolutivamente.

Cegueira. O egocentrismo é capaz de cegar a conscin empreendedora para os malefícios do próprio ego. Infelizmente muitos descobrem isso apenas no momento da dessoma.

Exemplologia. Segue aqui um relato concernente exclusivamente à minha experiência pessoal, não embasado em outra bibliografia, fruto de observação. Fui capaz de observar alguns políticos empreendedores no fim de suas vidas, 3 ao todo. Com impérios financeiros construídos à custa de conchavos para manutenção do poder político, não foram capazes de atentar para a assistencialidade e a necessidade de utilizarmos nossas ferramentas para melhorar o holopensene na intrafisicalidade e evoluir.

Depressão. Ao final de suas vidas, todos apresentaram quadros depressivos. Muitas vezes amargurados, não foram capazes de compreender, em seu auge de atuação, a prioridade evolutiva e o melhor a ser feito com o *poder* e *status* auferidos, tanto nos negócios quanto nos cargos políticos. Forçaram dessa forma a vida a lhes incutir reflexões, devido a um quadro extremo da existência, quando as grandes oportunidades evolutivas já haviam passado.

Tanatologia. A tanatologia ensina. Possuir serenidade e aura límpida no leito de morte é sinal de resultado positivo das manifestações na vida intrafísica. Quando isso ocorre com políticos empreendedores, significa sapiência quanto à oportunidade evolutiva do cargo e condição social.

Dessoma. Ou seja, os incapazes de promover assistência a outras consciências, através de seu cargo público ou condição social, priorizando exclusivamente o benefício próprio, sentem o refluxo do mal ou da omissão aos compassageiros evolutivos, dessomando amargurados e depressivos.

Paixão. A paixão pelo dinheiro e poder pode levar a conscin de visão curta à ilegalidade em sua atuação. A ilegalidade constrói o *castelo de areia* a ser destruído pela primeira *onda* cosmoética na subida da *maré.*

Benefícios. Obviamente não apenas fracassos fazem parte da lei do retorno. As ações positivas gerarão consequentemente reflexos positivos às conscins com discernimento. Contudo boa intenção não é o suficiente nesse caso, devido aos múltiplos fatores envolvidos em qualquer ação entre consciências.

Regulação. As múltiplas existências funcionam ao modo de mecanismo regulador desse processo. Façamos o melhor, independentemente do julgamento social de outras pessoas, para construirmos o melhor, superando nossas capacidades conscienciais. Assim o cosmos conspirará a nosso favor e estaremos envoltos nos benefícios dos atos pessoais.

Citaciologia. Segue ditado popular capaz de resumir o assunto: "O plantio é facultativo, porém, a colheita é inevitável".

Desígnio. As empresas são feitas para promover os acertos grupocármicos. Quanto mais nos dedicarmos aos nossos empregados mais o amparador se dedicará a nós.

Exegese. Para melhor compreensão da definição de *lei do retorno* consultar *Enciclopédia da Conscienciologia* e *Homo sapiens pacificus* (Vieira, 2007), capítulo 56.

Bibliografia

01. Exame; Redação; ***Nada é tão perigoso quanto o sucesso;*** Revista; Semanário; Ed. 530; Ano: 25; N. 09; Seção: *Entrevista: Tom Peters;* 1 foto; São Paulo, SP; 28.04.93; página 90.

02. França, Ronaldo e **Rogar,** Silvia; ***Era uma vez uma Família Feliz – Num crime que chocou o Rio de Janeiro, engenheiro mata a tiros a mulher e as duas filhas e comete suicídio;*** Veja; Revista; Semanário; Seção: *Geral;* 2 fotos; São Paulo, SP; 04.06.03.

03. Gusmão, Marcos; ***Por que as empresas quebram;*** Veja; Revista; Semanário; Ed. 1591; Ano: 32; N. 13; Semanário; Seção: *Guia;* 2 fotos; 1 tabela; São Paulo, SP; 31.03.99; páginas 118 e 119.

04. Gutierrez, Felipe; ***Lição do primeiro fracasso alimenta sucesso posterior – falência deve ser considerada mais parte do processo de empreendedorismo do que erro, dizem especialistas;*** Folha de S. Paulo; Jornal; Diário; Ano 01; N. 30.167; Caderno: *Negócios;* 1 foto; São Paulo, SP; 06.11.11; página F6.

05. Portugal, Juliana; ***Mau gerenciamento leva à falência – empreendedores devem repensar constantemente o empreendimento e saber quando é hora de repensar;*** O Estado de S. Paulo; Jornal; Diário; Ano 129; N. 41.872; Caderno: *Oportunidades;* 1 foto; São Paulo, SP; 08.06.08; página 2.

06. Scheinberg, Gabriela; ***Laudo comprova irregularidades no Wal-Mart;*** O Estado de S. Paulo; Jornal; Diário; Seção: *Geral;* São Paulo, SP; 06.03.99; página A8.

07. Daltro, Ana Luiza; ***Ficou mal na foto – acusações de desvios e suposto envolvimento da máfia mancham a imagem da japonesa Olympus;*** Veja; Revista; Semanário; Ed. 2241; Ano 44; N. 44; Seção: *Economia;* 1 foto; São Paulo, SP; 02.11.11; página 116.

08. Jockyman, André; ***Tempestade de erros – companhia esconde reforma de R$15 milhões nos andares da diretoria, promove política salarial obscura e paga prêmio de seguro 600% maior;*** Dinheiro; Revista; Semanário; 1 foto; 1 montagem; São Paulo, SP; 04.04.01; página 31.

09. Henry, David; **Flitter,** Emily; ***J.P. Morgan admite 'conduta irregular' e paga US$920 milhões em multas;*** Valor; Jornal; Diário; Ano 14; N. 3.346; 1 foto; São Paulo, SP; 20, 21 e 22.09.13; página C12.

10. Macedo, Fausto; **Gallo,** Fernando; ***Tribunal de contas paulista quer barrar contratos do cartel do trem com Estado;*** O Estado de

S. Paulo; Jornal; Diário; Ano 134; N. 43.771; Caderno: *Política;* 3 fotos; São Paulo, SP; 20.08.13; página A4.

11. O Globo, Redação; ***Suspeitos de cartel levaram R$1,2 bilhão do governo - investigadas pelo Cade 10 empresas levaram verbas milionárias;*** Jornal; Diário; Ano LXXXIX; N. 29.229; Caderno: capa; São Paulo, SP; 16.08.13; página 6.

25. O MITO DO DINHEIRO

Definição. Deixando os entendimentos monetários de lado, pode-se definir *dinheiro* como energia. *Dinheiro* significa energia pelo fato de quem o possui poder produzir, movimentar, criar, agir, inventar, descobrir e empreender.

Questionologia. Observando a predominância das questões financeiras na manifestação humana no séc. XXI, o pesquisador atento pode fazer o seguinte questionamento: o que significa realmente o dinheiro nessa vida humana?

Proéxis. Obviamente, de acordo com os princípios da multidimensionalidade e pluriexistencialidade do paradigma consciencial, dinheiro é mera ferramenta para podermos nos manifestar na dimensão intrafísica, auxiliando nas trocas de mercadorias e no acúmulo de patrimônios.

Trocas. No início da civilização sedentária, quando as famílias começaram a se estabelecer em locais fixos e formar as cidades, o escambo fazia parte do cotidiano, facultando às pessoas obterem produtos de outras famílias e regiões.

Origem. O dinheiro surge então para facilitar a relação de troca estabelecida pelo escambo. Antes, se um produtor de gado precisasse de arroz, ele levaria uma de suas cabeças até o produtor de arroz e trocaria a mesma pela quantidade correspondente.

Praticidade. Porém, com o crescimento das cidades e o aumento no volume de trocas, o escambo se mostrou inviável pela falta de praticidade. Imagine um criador de ovelhas desejando comprar um vestido de festa para sua filha. Quantas ovelhas valeriam esse vestido? E se o produtor do vestido estivesse a 100km de distância, como seria feito o transporte dessas ovelhas? E se ele não tivesse onde colocar as ovelhas após recebê-las em pagamento?

Moeda. Esse tipo de dificuldade fez a sociedade inventar a moeda cunhada, para balizar as trocas, resolvendo assim as dificuldades relativas ao escambo. Entretanto, criando diversas outras.

Desvio. O dinheiro e a busca por riqueza são hoje (Ano-base 2014) fonte de desvios de proéxis quando o intermissivista se deixa levar pela psicossomaticidade e esquece, momentaneamente, ser o acúmulo de capitais, mera condição passageira da existência intrafísica.

Necessidade. Em primeiro lugar, é preciso compreender *nua e cruamente:* o dinheiro é uma necessidade inalienável de nossas proéxis no estágio atual de evolução do planeta. Necessitamos de dinheiro para tudo em nossas vidas, assim como necessitamos de oxigênio, alimentação e sono.

Contraponto. Entretanto, se a conscin se alimentar demasiadamente, dormir em excesso e até mesmo respirar oxigênio puro em grande quantidade, pode ter problemas de saúde. Da mesma forma, possuir dinheiro em excesso pode também causar problemas para o intermissivista, principalmente de desvios da proéxis.

Pobreza. Todavia, não se torna necessário, com isso, valorizar os votos de pobreza feitos por religiosos fanáticos e conscins com dificuldade social. Muito pelo contrário, a ideia é possuir dinheiro suficiente para viver bem, sem necessidade de se preocupar com ele. Renegar o dinheiro é manifestação ectópica da conscin sociopata.

Problemas. Através de rápida pesquisa com colegas de profissão, ou mesmo amigos, pode-se constatar o fato de pessoas das mais diversas classes sociais tenderem a colocar o cifrão como solucionador da maioria absoluta dos problemas da vida. A frase clássica é: "*...quando eu tiver mais dinheiro tudo vai melhorar*".

Neutralidade. O dinheiro em si é neutro perante a cosmoética. Em excesso, pode gerar um sentimento de superioridade acarretando posturas negativas de arrogância, egoísmo, avareza, esbanjamento, desdém interpessoal, fechadismo, materialismo, possessividade e eucentrismo. Ou seja, pode gerar dificuldades para o discernimento evolutivo.

Falta. Em outro extremo, a falta de dinheiro pode acarretar dificuldades extremas e suscitar na incapacidade de se viver em sociedade. Isso, pelo fato da subsistência terrestre estar assentada em adquirir alimentos e bens essenciais pela via econômico-financeira.

Loteria. Um dos mitos mais difundidos, quem sabe desde o invento da moeda cunhada, é o do *dinheiro traz felicidade*. Por isso existe o apelo ao sonho em ganhar na loteria. Sonho esse relacionado diretamente com as consciências com baixa autoestima e carentes, incapazes de saírem de seu *mundinho* pessoal e constituir vida financeira estável e organizada, através do esforço em estabelecer um empreendimento evolutivo.

Culpa. Em alguns casos, as pessoas incapazes de se auto-organizar financeiramente, procuram colocar a culpa de seu fracasso financeiro em alguém. Governo, amigos, sócios, família, impostos, sorte, etc. Ocorre também de pais de família culparem o dinheiro pela falta de atenção dispensada a seus filhos e esposa, esquivando-se dessa forma, da ação assistencial ao núcleo familiar.

Desculpa. Nesse caso, a desculpa clássica fica a cargo dos inúmeros problemas enfrentados pelo chefe do lar para levar sustento à família, sempre informando que quando estiver melhor financeiramente dará atenção aos entes queridos.

Ciclo. Porém, isso se torna um ciclo vicioso. Ao ganhar mais dinheiro, a família se dá conta de não terem mudado as características conscienciais de seus membros, alimentando assim ciclo patológico de interprisão grupocármica.

Dissolução. É fato na sociedade: algumas famílias são unidas na pobreza, mas se dissolvem quando vem a riqueza. *Dinheiro por si não gera reciclagens.*

Trabalho. Um questionamento realizado por muitos empreendedores é com relação à quantidade de trabalho necessário para se adquirir riqueza. A observação pessoal desse autor mostra não serem os que trabalham ao extremo os responsáveis em formar fortunas, mas sim os capazes de raciocinar e articular bem seu negócio. Com essa visão, o patriarca observará não necessitar se esquivar da família para ganhar dinheiro, mas sim se esforçar para raciocinar com discernimento. A entrevista dada por Carlos Slim (1940-) considerado o segundo homem mais rico do mundo (Ano-base 2014) corrobora essa tese (Disponível em: http://revistagalileu.globo.com/Sociedade/noticia/2014/07/segundo-homem-mais-rico-do-mundo-acha-que-trabalhar-tres-dias-por-semana-e-suficiente.html, acessada em 24.07.14).

Domínio. Ao dominarmos o dinheiro na dimensão intrafísica estamos dando demonstração de domínio de nós próprios.

Retrovidas. Fato importante a avaliar quando analisamos nossa relação com o dinheiro são as existências prévias e como essa questão da riqueza vem sendo trabalhada pela consciência ao longo de suas múltiplas vidas. Somos hoje o resultado de nossas existências prévias.

Questionologia. O dinheiro é um gargalo ou uma facilidade para você? Desde quando?

Oportunidades. Sem dúvida alguma, o fato de possuir dinheiro coloca a conscin na condição de tranquilidade perante a vida intrafísica, predispondo oportunidades na obtenção de conhecimento, viagens e acesso à informação. Isso pode criar maiores condições de cumprimento da proéxis pessoal, pois ao dominarmos algo capaz de nos dominar (dinheiro) podemos focar nossa atenção em outros fins (proéxis).

Motivação. A busca pelo dinheiro gera motivação em muitas conscins, notadamente nas não intermissivistas, com proéxis instintivas. Muitas pessoas estão engajadas nisso todos os dias. O capitalismo selvagem domina sociedades e faz muitos levantarem cedo da cama diariamente.

Cosmograma. De acordo com matérias publicadas em periódicos de circulação nacional, pode-se afirmar ser ainda grande a parcela da socin tendo no dinheiro o objetivo final da vida intrafísica. Esse fato pode ser demonstrado através dos 10 títulos de matérias de periódicos, listados abaixo em ordem alfabética:

01. ***A moeda eleitoral de Lula;*** Revista Veja; 03.05.06.

02. ***As supermoedas;*** Folha de S. Paulo; 07.03.99.

03. ***Moedas 'do cobre' devem manter a força;*** Jornal do Commercio; 09.07.09.

04. ***Como transformar 5 trilhões de dólares em 5 e ser feliz;*** Valor; 12.05.11.

05. ***Nova moeda, novo mundo;*** Folha de S. Paulo; 01.01.99.

06. ***Marco alemão, o guerreiro imortal;*** O Globo; 19.07.12.

07. ***O fascínio do dinheiro em livro e museu;*** Gazeta do Povo; 31.03.02.

08. ***O poder dos centavos;*** Gazeta do Povo; 16.01.05.

09. ***Derramamento de notas frias instiga polícia;*** Gazetinha da Tarde; 11.01.13.

10. ***A guerra fria das moedas;*** Valor; 19.02.13.

Taxologia. O dinheiro, encarado como objetivo principal da existência na dimensão intrafísica pode trazer distorções cognitivas ao intermissivista ressomado, com relação à proéxis comprometida antes da ressoma. Seguem abaixo, listados em ordem alfabética, 15 mitos relacionados ao dinheiro:

01. A riqueza traz segurança.

02. Dinheiro compra felicidade.

03. Dinheiro cria amigos.

04. Famílias ricas são mais felizes que famílias pobres.

05. Mais dinheiro é *sempre* bom.

06. Nações mais ricas são local melhor para se viver.

07. O objetivo principal da existência intrafísica é ganhar dinheiro.

08. Os ricos se divertem mais.

09. Pessoas mais ricas são mais evoluídas consciencialmente.

10. Pessoas mais ricas são mais felizes.

11. Pessoas ricas são mais inteligentes.

12. Quem nasce pobre sofre mais que quem nasce em família rica.

13. Quem tem dinheiro tem mais tempo.

14. Quem tem muito dinheiro será sempre rico.

16. Riqueza é sorte.

Assistência. Do ponto de vista homeostático, dinheiro bem administrado pode produzir assistência interconsciencial. A tares, pelo financiamento da propagação de conhecimento esclarecedor e a tacon, ao sustentar alguma obra assistencialista.

Resumo. Em resumo, o dinheiro não deve ser algo monopolizante em nossas vidas. Muito menos ser menosprezado. Dinheiro pode dar a vida, ou levar alguém à morte. Depende apenas de quem usa.

Bibliografia

01. Versignassi; Alexandre; ***CRASH - Uma Breve História da Economia - Da Grécia Antiga ao Séc. XXI;*** *LEYA;* São Paulo, SP; 2011; pág. 23 a 47.

02. Coulanges; Fustel de; ***A Cidade Antiga;*** *Editora Rideel;* São Paulo, SP; 2005; pág. 99.

03. Folha de S. Paulo; Redação; ***As supermoedas - dolarização das Américas prepararia continente para enfrentar o euro e o iene?;*** Jornal; Diário; Suplemento: Mais!; 1 ilus.; São Paulo, SP; 07.03.99.

04. Jornal do Commercio; Redação; ***Moedas 'do cobre' devem manter a força;*** Jornal; Diário; Ano: CLXXXII; N. 193; Rio de Janeio; RJ; 09.07.09; página B2.

05. Peres; Leandra; ***A moeda eleitoral de Lula - Com o Bolsa Família, Lula ganhou sua arma nas urnas. Eleitoreiro ou não, é inegável que o programa melhora a vida de milhões de brasileiros;*** *Veja;* Revista; Semanário; Ed. 1954; Ano 39; N. 17; Seção: *Economia e Negócios;* 11 fotos; 2 ilus.; São Paulo, SP; 03.05.06; página 106.

06. De Conti; Bruno; ***A guerra fria das moedas;*** *Valor;* Jornal; Diário; Ano: 13; N. 3.196; Seção: *Opinião;* 1 ilus.; São Paulo; SP; 19.02.13; página A13.

07. McGroarty, Patrick; **Mutsaka,** Farai; ***Como transformar 5 trilhões de dólares em 5 e ser feliz;*** *Valor;* Jornal; Diário; Ano 12; N. 2754; Seção: *Empresas;* 1 foto; São Paulo, SP; 12.05.11; página B10.

08. Folha de S. Paulo; Redação; ***Nova moeda, novo mundo;*** Jornal; Diário; Ano 78; N. 22.475; Seção: *Opinião;* São Paulo, SP; 01.01.99; página 2.

09. O Globo; Redação; ***Marco alemão, o guerreiro imortal;*** Jornal; Diário; Ano. LXXXVII; N. 28.836; Seção: *Economia;* Rio de Janeiro, RJ; 19.07.12; página 22.

10. Scheller, Fernando; ***O fascínio do dinheiro em livro e museu;*** Gazeta do Povo; Jornal; Diário; Ano 84; N. 26.456; Seção: *Economia;* 1 foto; Curitiba, PR; 31.03.02; página 8.

11. Pellegrini, Domingos; ***O poder dos centavos;*** Gazeta do Povo; Jornal; Diário; Ano 86; N. 27.472; Seção: *Caderno G;* 1 ilus.; Curitiba, PR; 16.01.05; página 4.

12. Ovelar, Roque; ***Derramamento de notas frias intriga polícia;*** Gazetinha da Tarde; Tabloide; Diário; Ano 1; N.5; 1 foto; Foz do Iguaçu, PR; 11.01.13; página 4.

26. O MITO DA FAMÍLIA RICA

Definição. A *riqueza material* é definida pelo conjunto de posses e bens patrimoniais de uma pessoa ou empresa, capazes de gerar liquidez monetária, de acordo com o mercado de capitais no qual está inserida.

Coloquialismo. Para além do conceito de acumulação monetária, em sentido amplo e coloquialmente utilizado, o vocábulo derivado de rico (adjetivo) *riqueza* também pode agregar outros valores. Segue abaixo 10 exemplos listados em ordem alfabética, comumente utilizados na linguagem popular, do vocábulo *riqueza,* para melhor compreensão do tema:

01. Riqueza assistencial. O completismo na assistencialidade.

02. Riqueza bioenergética. A desenvoltura bioenergética.

03. Riqueza consciencial. A consciência rica em seus atributos evolutivos.

04. Riqueza da natureza. A diversidade da fauna e da flora.

05. Riqueza de conhecimento. O conhecimento amplo e sem fronteiras.

06. Riqueza de memória. A qualificação da memória ampla, holossomática.

07. Riqueza de modos. As boas maneiras; a boa educação.

08. Riqueza de vocabulário. O vocabulário erudito e assertivo.

09. Riqueza do ambiente. O ambiente multidimensional saudável.

10. Riqueza do fenômeno. O fenômeno parapsíquico avançado.

Riqueza. Ao analisarmos a massa humana é possível constatar o nível exacerbado de importância dado ao ficar/estar rico, conforme comentado no capítulo anterior. Para muitas pessoas, a acumulação monetária se torna um amor errado quando as mesmas adotam condutas anticosmoéticas para alcançar *status* social, pensando ser o dinheiro fonte de felicidade e bem-estar íntimo.

Facilidade. Riqueza é, sim, sinônimo de bem-estar social e pode deixar a vida intrafísica melhor de se viver, devido ao simples fato de proporcionar a obtenção de recursos para as necessidades de cada indivíduo e seus agregados. Porém, por si só, **não é capaz de predispor equilíbrio à conscin, nem sequer tornar a vida mais fácil.**

Desvio. Em muitos casos, empresários bem-sucedidos, ricos e famosos, transformam sua vida familiar e intraconsciencial em verdadeiro mar revolto, ao alcançarem fama e riqueza. Isso em contraponto ao início da carreira, onde conseguiam união familiar em torno do mesmo objetivo. Com esse cotidiano conturbado, acabam deixando de lado o foco principal da ressoma de todos na dimensão intrafísica, a **evolução consciencial**.

Motivo. Portanto, formar um negócio estável, proporcionador de riqueza, equilibrado no dia a dia, evitando desvios e mantendo a conscin no rumo de sua proéxis, **é o motivo principal para** empreender evolutivamente.

Predisposição. Todo aporte na vida intrafísica significa responsabilidade para o beneficiado. Riqueza não ocorre sozinha. Ao criar poder e posição de destaque social, pode sobrevir o traf*ar* da soberba e da arrogância, desenvolvendo então patologia relacionada à riqueza.

Discernimento. Em outros casos, adquirir riqueza pode predispor à interassistencialidade, ampliando o senso de intercompreensão social. Notadamente nos indivíduos capazes de aprender com os percalços da vida humana e desprendidos de interesses puramente egoicos, onde o cerne da intenção pessoal é o melhor para todos.

Intraconsciencialidade. Obviamente a matemática nesse caso não é básica. Indivíduos não se tornam assistenciais ou arrogantes após simplesmente adquirirem riqueza. O processo moto-contínuo da evolução consciencial, pelo mecanismo das múltiplas existências, cria a ininterruptividade da manifestação, sendo cada um de nós resultado de nosso passado imediato e matéria-prima do nosso futuro.

Herança. Nosso grupo evolutivo é composto por milhões de consciências, distribuídas pelo globo terrestre. Cada país possui sua especificidade sociológica e parassociológica de acordo com as consciências ali ressomadas. Criam-se assim, os mais diversos tipos de sociedades e costumes.

Desenvolvimento. O desenvolvimento de cada nação ou região é resultado da manifestação do conjunto de seus habitantes ao longo das vidas sucessivas. Aspectos, por exemplo, migração, religião, miscigenação e cognição dos indivíduos são alguns dos aspectos definidores do nível de desenvolvimento de cada país/região.

Intencionalidade. Nesse contexto, importa ao empreendedor evolutivo avaliar constantemente suas reais intenções em adquirir riqueza, e também as responsabilidades do poder anexado a ela. A reflexão sobre o objetivo proexológico da existência humana cria autodefesas com relação aos *mata-burros* dos *pecados capitais,* capazes de desviar a programação previamente traçada no CI.

Família. Porém, **há casos onde o empreendedor ressoma em família já possuidora de posses intrafísicas e** supostamente é considerado como um privilegiado pela socin ainda patológica. Será isso uma dádiva reservada a alguns?

Brasil. A sociedade brasileira nos dias atuais (Ano-base 2014) valoriza de maneira velada, no entanto muitas vezes explícita, a condição do *ser pobre*. Não se vê na televisão, nos jornais ou nos livros com repercussão nacional, alguém contando sua história pessoal e valorizando o fato de ter tido boas condições financeiras e estudado em bons colégios, ter viajado e conhecido novas culturas, e tido condições de se preparar para auxiliar na evolução social quando adulto. Principalmente nas campanhas de *marketing* político, é comum observarmos os candidatos contando sua história com viés de uma infância pobre, cheia de dificuldades, onde se conseguiu dar a volta por cima e hoje é um homem poderoso. Até mesmo nos programas sobre empresas, as histórias dos empreendedores de sucesso são carregadas no sofrimento, não na aprendizagem.

Síndrome. Essa condição pode ser compreendida como uma *síndrome de vitimização do poderoso*, adotando tal postura para inflar seu ego por ser alguém capaz de superar todas as dificuldades imagináveis, conquistando assim admiração através de uma aura de superação.

Estatística. A supervalorização da pobreza no Brasil, resultado de uma colonização repressora e religiosa, pode ser comprovada com uma simples consulta ao Google (Ano-base 2014). Ao se digitar a palavra *riqueza,* **são encontradas** 13.500.000 citações. Já a palavra *pobreza* possui 14% a mais de citações, com 15.500.000 (consultado em 17.07.14).

Intermissivista. A condição difícil de ressomar em família pobre com escassos recursos é também amplamente divulgada por filmes, documentários e notícias pela imprensa. Isso é completamente compreensível pelo fato de haver mais pobreza que riqueza no mundo. Porém, quais seriam as dificuldades da ressoma de um intermissivista em família rica?

Ricos. Deixando a demagogia de lado, quem pode afirmar que ser rico e nascer em uma família rica é algo fácil? Como dito acima, riqueza em primeiro lugar, seja adquirida ou herdada, deve significar aumento de responsabilidade pelo aumento das condições pessoais em prestar assistência aos mais necessitados.

Ressomática. Cada consciência prepara a programação de vida de acordo com suas necessidades íntimas. Nesse preparação, os fatores preponderantes são as relações interpessoais com acertos e erros vivenciados no rol das ressomas pretéritas, confluindo tudo para a nova vida.

Equilíbrio. Estar rico em determinado momento da vida, ou até mesmo ressomar rico e passar a vida toda com boas condições financeiras, não significa estar bem intraconsciencialmente.

Executivos. Quando se viaja, principalmente através de aviões comerciais passando por grandes capitais brasileiras, é comum observar homens de negócios e executivos nos voos. A cena se repete com poucas diferenças. Dotados de *laptops*, celulares, *tablets* e bem vestidos, esses homens de negócio carregam também documentos de trabalho, fazendo do seu momento de deslocamento a extensão da empresa. No semblante é possível observar ansiedade. Uma rápida assimilação de energias demonstra, na maior parte das vezes, um microuniverso atribulado e fechado a novas ideias.

Clãs. Alguns desses podem ser inclusive herdeiros de verdadeiros clãs empresariais, subjugados pela condição do nascimento a adotarem o negócio familiar por seu projeto de vida. Verdadeiros prisioneiros da casta a qual pertencem, há uma ou mais vidas.

Castração. A principal dificuldade observada na ressoma de intermissivistas em famílias ricas está nos clãs castradores da manifestação individual, fundamentados no poder econômico e muitas vezes capazes de tolher o livre desenvolvimento das ideias inatas provenientes do CI. Esse embargo pode ocorrer através de chantagens emocionais e também financeiras, com a família ameaçando o intermissivista caso não permaneça presente na lavagem subcerebral.

Paradiplomacia. Nesses casos, a paradiplomacia **é a técnica viável e acessível a todos, no manejo da conciliação familiar, monetária e proexológica.**

Retorno. Algumas conscins possuem ânsia desmesurada em ficar ricas, capaz de levá-las a cometer atos ilícitos para alcançarem seus objetivos. A riqueza construída de maneira anticosmoética, significa pobreza consciencial. É semelhante à construção de um edifício com alicerce de areia, em determinado momento desmorona. Seja ainda no intrafísico, ou já no extrafísico, após a dessoma.

Trabalho. Muitas vezes decorrente da repressão causada pelos pais nos filhos ainda adolescentes, surge também o *mito do trabalhador*. Uma avaliação acurada mostra a valorização atual do trabalho pelo esforço físico, comprometendo a carga horária de sono e a boa saúde para realizar trabalho braçal (Ano-base 2014). Isso é fruto da necessidade de autoafirmação pessoal, origem na ideia religiosa da penitência, onde é necessário sofrer para "alcançar o paraíso".

Felicidade. Mas, nesse ponto cabe a pergunta: precisamos realmente sofrer para alcançar a felicidade? Precisamos debilitar nosso soma para sermos produtivos? *A riqueza e o poder são passageiros.*

Empreendedorismo. Para o desenvolvimento da sociedade é necessário mudar a cultura do empreguismo pela cultura do empreendedorismo, onde para gerar riqueza vale mais raciocinar, não "quebrar pedras".

Raciocínio. Se existem consciências em estágio evolutivo mais avançado, por exemplo o Serenão, é porque tiveram mais discernimento se comparado ao de outras. Não necessariamente trabalharam exaustivamente com o soma, mas raciocinaram mais e aplicaram esse raciocínio na prática. E estão sofrendo cada vez menos.

Ressoma. No caso da ressoma de intermissivistas, por exemplo, muitas vezes é mais trabalhoso ressomar em família abastada, com largo patrimônio, enfrentando a provação da riqueza, se comparado à ressoma em família de professores, onde se valoriza o estudo e a cognição, temas convergentes assim com o CI.

Interdependência. A pressão grupocármica gerada pela ressoma em família clânica, pode gerar dificuldades ao intermissivista empreendedor para desfazer as amarras, até conceber um negócio próprio e conseguir se sustentar a partir de empreendimento evolutivo.

Necessidade. Longe de ter com isso a intenção de dizer ser mais fácil nascer em família com condições precárias. O objetivo aqui é pontuar a questão de as programações de vida serem específicas e preparadas de acordo com as necessidades de cada consciência, onde cada um passará pelas situações concernentes ao seu microuniverso consciencial. Ou seja, o melhor é adquirirmos um senso apurado de *loc interno* para não cair no velho ditado popular: *a grama do vizinho é sempre mais verde.*

Mito. Com esses argumentos podemos contrapor de maneira lógica o seguinte mito: *quem nasce em família rica não possui problemas com dinheiro.*

Escala. Se considerarmos a escala evolutiva das consciências, podemos constatar não existir proéxis fácil ou difícil. Existe a situação evolutiva para cada consciência, de acordo com seu nível evolutivo pessoal. O seguinte megapensene trivocabular é capaz de resumir o assunto: *A vida sabe* (Vieira, 2009, pág. 344).

Bibliografia

01. Vieira, Waldo; ***Manual dos Megapensenes Trivocabulares;*** *Editares;* 378p.; Foz do Iguaçu, PR; 2009; pág. 344.

27 POBREZA

Postura. Existem posturas íntimas capazes de atrapalhar o empreendedor no estabelecimento de um empreendimento evolutivo de sucesso. Uma delas, de fácil observação na dinâmica empresarial, é a valorização da condição de pobreza, característica da *conscin miserê.*

Definição. De acordo com o dicionário Novíssimo AULETE (2011), em sentido estrito, pobreza é a "carência do que é mais essencial para a sobrevivência".

Coloquialismo. Para além do conceito de carência do essencial, em sentido amplo e coloquialmente utilizado, o vocábulo pobreza pode ser ampliado e abarcar outras carências. Segue abaixo 10 exemplos listados em ordem alfabética, comumente utilizados na linguagem popular, do vocábulo *pobreza,* para melhor compreensão do tema:

01. Pobreza assistencial. A insuficiência da assistencialidade.

02. Pobreza bioenergética. A deficiência na manifestação bioenergética.

03. Pobreza consciencial. A falta de compreensão de si mesmo.

04. Pobreza da natureza. A carência de elementos naturais.

05. Pobreza de conhecimento. A inexistência de erudição.

06. Pobreza de memória. O déficit de rememorações.

07. Pobreza de modos. A falta de educação ao se manifestar.

08. Pobreza de vocabulário. O dicionário cerebral claudicante.

09. Pobreza do ambiente. O ambiente degradado.

10. Pobreza fenomênica. A ausência de fenômenos parapsíquicos.

Definição. A *conscin miserê* é quem valoriza excessivamente os bens materiais, especialmente o dinheiro. Manifesta-se através de posturas autocastradoras da atuação pró-assistencial, e demonstra completa insegurança pessoal na dimensão intrafísica, nitidamente observada em questões relacionadas ao dinheiro.

Miserê. A postura da *conscin miserê*, caracterizada pela economia excessiva, pode ser extremamente perniciosa quando se deseja criar e administrar uma empresa com objetivos evolutivos. Tal característica independe da quantidade de riqueza acumulada pela conscin e infelizmente pode ser ainda largamente encontrada em qualquer parte do planeta Terra, mesmo em pessoas extremamente ricas. Basta observar.

Culpa. Outra característica desse tipo de personalidade é de culpa por estar acumulando determinada quantia de dinheiro ou patrimônio. Nesse caso, a *conscin miserê* cessa os ganhos com medo do julgamento dos menos abastados, justamente pelo fato de não estar bem-resolvida com relação ao dinheiro.

Sinonímia. Eis, listados abaixo, 30 vocábulos ou expressões convergentes no significado do amplo universo sinonímico da palavra *miserê*, dispostos em ordem alfabética para ampliação cognitiva do assunto:

01. Agiota.

02. Avarento.

03. Canhengue.

04. Cauira.

05. Escasso.

06. Esganado.

07. Fona.

08. Ginja.

09. Harpagão.

10. Ingeneroso.

11. Manicurto.

12. Mão de vaca.

13. Mão de finado.
14. Mão fechada.
15. Mesquinho.
16. Migalheiro.
17. Miúdo.
18. Mofino.
19. Muquirana.
20. Morrinha.
21. Onzenário.
22. Pão-duro.
23. Pelintra.
24. Resmelengo.
25. Somítico.
26. Sorrelfa.
27. Sovina.
28. Tacanho.
29. Tranca.
30. Unha de fome.

Large. Já a *conscin large*, personalidade com temperamento assistencial oposto ao *miserê*, procura ganhar e dividir a riqueza com quem precisa.

Religião. Esse tipo de postura, capaz de ser percebida em cidadãos brasileiros, tanto nas empresas quanto nos lares, pode ser atribuída em parte à colonização do Brasil pelo reino de Portugal, dominada em sua maioria pela igreja católica. O Estado brasileiro se tornou laico apenas após a constituição de 1891, apesar de, ainda hoje, existirem crucifixos expostos em órgão públicos como o STJ (Superior Tribunal de Justiça) e o senado brasileiro.

Exploração. Ao chegarem ao Brasil, os exploradores instalaram, através dos séculos, cultura de transferência das riquezas nacionais para a metrópole, enviando todo e qualquer tipo de produto valioso para Portugal.

Rei. A cristianização dos índios, e com o passar do tempo da maioria dos habitantes do solo brasileiro no Brasil colônia, ocorreu em concomitância com a ideia do rei ser o representante de Deus na Terra (direito divino dos reis). Portanto, o que fosse bom para o rei era considerado ao mesmo tempo sagrado, e não poderia ser usufruído pelos súditos sem sua permissão. Prova desse fato é a escassez de moedas metálicas no Brasil colônia, mesmo durante o surto do ouro na primeira metade do séc. XVIII, onde os metais preciosos encontrados eram remetidos em sua maioria para a metrópole portuguesa (Vainfas, 2000).

Igreja. Assim, a igreja e todo o aparato do Estado monárquico incutiram, através dos séculos, a ideia de os fiéis não poderem contrariar as santas determinações reais, devendo encaminhar as riquezas a Portugal.

Reflexo. Cria-se então dois tipos de cidadãos: o sovina, econômico, com medo da ação da coroa, e aquele capaz de sentir culpa pela acumulação de riquezas e desfrute das mesmas, por estar contrariando a autoridade eclesiástica e as ordens do representante de Deus na Terra. Ambos considerados *conscin miserê.*

Origem. Obviamente este contexto demonstra apenas uma parte da formação do pensamento do empresariado brasileiro, já muito mudado pela evolução social. Porém, ao compararmos o desenvolvimento empresarial brasileiro ao americano, baseado na cultura protestante, nota-se nitidamente o reflexo das colonizações na formação da cultura do empreendedor. O povo americano surgiu através de um *empreendimento* de colonização, já o brasileiro se desenvolveu em meio à exploração de seu próprio país pelo invasor europeu.

Ganha-ganha. Em empreendedorismo evolutivo as posturas de avareza e de autoflagelo relacionadas ao dinheiro não têm razão de existir. O enfoque evolutivo mostra que quando alguém perde, todos estarem perdendo, e quando alguém ganha, todos também estarem ganhando. Conforme visto no capítulo 9, a lei do retorno é sempre inevitável. A melhor fórmula, e ao mesmo tempo o maior desafio, é funcionar sempre através da postura do ganha-ganha. Se o resultado empresarial foi obtido de maneira cosmoética, o reflexo natural é a melhoria na condição dos participantes da cadeia produtiva.

Exemplologia. Um exemplo do ganha-ganha, capaz de inviabilizar qualquer super-valorização da pobreza ou do pão-durismo no âmbito das organizações, é quando há distribuição de rendimentos aos funcionários. Se todos os envolvidos na gestão da empresa têm a possibilidade de ganhar mais pelo seu rendimento pessoal, existe estímulo para produzir cada vez mais e melhor, criando ciclo virtuoso na organização.

Crescimento. Outro exemplo é o crescimento profissional. Se a empresa oferece condições de crescimento profissional e incentiva a qualificação dos funcionários, cria-se ciclo virtuoso de ampliação do conhecimento. Consequentemente, haverá maior vantagem competitiva se comparado a um concorrente estagnado em modelos de gestão, visando apenas os processos, ao invés das consciências.

Sentimento. Essa postura por parte do empresário evolutivo cria senso de inclusão nos funcionários, melhorando a autoestima do grupo ao não suscitar sentimento de exclusão. O grupo se sente valorizado, pois os objetivos estão alinhados e os benefícios das conquistas horizontalizados.

Pobreza. No mundo moderno não existe mais ambiente social para penitências com relação ao acúmulo de dinheiro. O ideal é o empresário compreender não ser necessário sentir-se culpado pelo acúmulo de riquezas, enquanto outros estão em condições de pobreza. O necessário é nos esforçarmos para todos ganharem e melhorarem continuamente.

Apedeutismo. O apedeuta valoriza a pobreza, o sábio a evolução.

Virtude. O empreendedor evolutivo é aquele capaz de distribuir seus ganhos, e assim gerar mais riqueza pela instalação de círculo virtuoso de acontecimentos.

Igualitarismo. A maior quantidade de conscins com alto grau de instrução e o aumento no número de instituições funcionando em bases policármicas, por si só serão suficientes para elevar o nível evolutivo da sociedade terrestre, não havendo então qualquer sofrimento pela condição de pobreza.

Níveis. A dimensão intrafísica reúne, para conviver conjuntamente, desde consréus até Serenões, de propósito.

Bibliografia

01. Bechara, et al.; ***Novíssimo AULETE - Dicionário Contemporâneo da Língua Portuguesa;*** *Lexikon Editora;* 1488p.; Rio de Janeiro, RJ; 2011; verbete pobreza.

02. Vainfas, et. al.; ***Dicionário do Brasil Colonial;*** *Objetiva;* 600p.; Rio de Janeiro, RJ; 2000; verbete moeda e padroado.

28. EMPREENDEDOR AUTOCRATA

Definição. O *empreendedor autocrata* é a conscin idealizadora de alguma ação na dimensão intrafísica com foco único e exclusivo na sua personalidade, monopolizando o mundo a sua volta e agindo unicamente em concordância com seus pensamentos e vontades.

Autocracia. De acordo com o Dicionário Sacconi (2010) *autocracia* é a "forma de governo em que a vontade de um só indivíduo é soberana e indiscutível, acima de tudo e de todos".

Ditadura. Para Bobbio et. al, em Dicionário de Política (2007) pág. 69, autocracia é sinônimo de ditadura.

Universo. O ambiente empresarial pode ser compreendido tal qual um mundo dentro do mundo. Qualquer empresa, mesmo a micro, está inserida em ambiente complexo, pois envolve diversos fatores em seu funcionamento a exemplo da matéria-prima, produto acabado, fornecedores, clientes, um número infinito de possibilidades de inter-relações conscienciais e de processos.

Autocrata. O empreendedor se torna autocrata quando, por ser dono da empresa, se julga também dono do universo. Conduz os negócios de maneira tirana, pensando serem os funcionários propriedade *sua,* e *suas* ideias as únicas válidas. Está fechado para novas abordagens e não permite ser contrariado. Reage de modo agressivo quando algo não sai como deseja.

Fechadismo. Esse tipo de empreendedor possui visão própria do mundo e está constantemente fechado a novas ideias, não importando de onde venham.

Pressão. Extravasa na empresa sentimentos íntimos reprimidos, gerando sobre os subordinados pressão extra, além da pressão natural do trabalho.

Instabilidade. Possui personalidade instável, podendo alterar o humor facilmente quando é contrariado. Em um belo dia de sol, pode estar de bom humor ou de mau humor, sendo imprevisível em sua manifestação.

Feudalismo. Procura fazer da empresa um feudo, onde é o senhor absoluto, com poder total para determinar o destino de seus vassalos.

Holopensene. Essa característica de empreendedor pode possuir vantagens competitivas em um mundo inundado de consréus igual o nosso (Ano-base 2014). Porém, quando se busca a evolução consciencial e o empreendedorismo evolutivo, qualquer atitude autocrática, seja dentro da empresa ou não, serve apenas para piorar o padrão holopensênico, sendo campo fértil para assediadores.

Estatística. Infelizmente, essa categoria de empreendedores é ainda comumente encontrada nas empresas, principalmente quando o negócio já está estabilizado e houve conquista de certo sucesso financeiro. Um dos objetivos desse livro é ser fonte de inspiração para mudar esse quadro e impulsionar a melhoria do microuniverso consciencial dos empreendedores.

Formação. A formação do empreendedor autocrata, em alguns casos, ocorre de maneira gradual ao longo da concepção do negócio. No início, quando a empresa é apenas um projeto, o mesmo procura criar ambiente atrator de força de trabalho e parcerias. Mas quando o negócio se estabelece e fica forte, o poder do dinheiro sobe à cabeça e, por possuir algum domínio econômico, se sente no direito de impor suas vontades.

Argumento. Esse tipo de empreendedor, não evolutivo, comumente usa o seguinte argumento para impor suas vontades para os próprios funcionários e parceiros: "*eu* construí essa empresa sozinho, comecei do nada e alcancei o sucesso, por isso exijo respeito".

Racionalidade. Todavia, basta possuir algo pensante entre as orelhas para saber não existir sucesso individual em nosso processo evolutivo. Estamos inseridos em contexto de evolução conjunta, dentro do maximecanismo evolutivo.

Acidentes. Caso o empreendedor autocrata não se mostre hábil o suficiente para perceber esse tipo de erro de abordagem no trato interpessoal, sendo incapaz de reverter sua postura, a tendência é atrair cada vez mais acidentes de percurso. Muitas vezes, comprometendo os negócios e a própria vida como um todo.

Influência. Dependendo do nível de gerência do empreendedor no negócio, a postura autocrata pode gerar profundas dificuldades. Empresas iniciantes, ainda muito dependentes da presença do empreendedor, podem sofrer mais com as inconstâncias emocionais causadas pela autocracia. Já uma empresa bem estabelecida, com processos bem definidos e mecanismos de controle eficazes, sofrerá menos por não necessitar de sua presença constante.

Anonimato. O anonimato do Serenão é fato na dinâmica evolutiva. Ou seja, a tendência de evoluirmos é sermos cada vez mais altruístas, e menos egocêntricos autocratas. O empreendedor autocrata vai na contramão dessa lógica evolutiva.

Conscienciometrologia. De acordo com a Conscienciometrologia, a postura autocrática é apenas moldura por trás dos conflitos íntimos da personalidade. Muitas posturas patológicas são a expressão de emoções malresolvidas intimamente, sejam oriundas dessa ou de outras vidas intrafísicas.

Citaciologia. De acordo com Haymann (2011, pág 66) eis abaixo 11 traf*a*res comuns, constituintes do temperamento da conscin autocrata, listados em ordem alfabética:

01. Arrogância.
02. Cabotinismo.
03. Comando.
04. Competitividade.
05. Exploração.
06. Heterodomínio.
07. Imposição.
08. Indignação.
09. Intolerância.
10. Privilégio.
11. Pseudoautossuperioridade.

Experiência. O funcionamento do processo evolutivo tem mostrado até o momento não ser possível evoluir apenas através de estudos teóricos. Manter a calma e equilibrar o humor isolado em uma montanha, sem os desafios do dia a dia é tarefa fácil. Se você se identifica uma conscin autocrata, não espere passar pelo ostracismo para iniciar a reciclagem intraconsciencial. Identifique sua necessidade evolutiva e comece pelo primeiro passo. Esse é um dos pré-requisitos do empreendedorismo evolutivo.

Policarmalogia. Na policarmalidade não existe mais autocracia (Vieira, 2004, pág. 260).

Bibliografia

1. **Sacconi,** Luiz Antonio; ***Grande Dicionário Sacconi da Língua Portuguesa;*** versão digital; *Ed. Nova Geração;* São Paulo, SP; 2010; verbete autocracia.

2. **Vieira,** Waldo; ***Homo sapiens reurbanisatus;*** 1.584 p.; 479 caps.; 139 abrevs.; 40 ilus.; 7 índices; 102 sinopses; glos. 241 termos; 7.655 refs.; alf.; geo.; ono.; 29 x 21 x 7 cm; enc.; 3a Ed. Gratuita; *Associação Internacional do Centro de Altos Estudos da Conscienciologia* (CEAEC); Foz do Iguaçu, PR; 2004; página 260.

3. **Haymann,** Maximiliano; ***Síndrome do Ostracismo;*** *Editares;* 220p.; Foz do Iguaçu, PR; 2011; página 66.

4. **Bobbio,** *et al*; ***Dicionário de Política;*** Editora UNB; 1318 p.; Brasília, DF; 2007; verbete autocracia.

29. ARROGÂNCIA, EGOCENTRISMO, GANÂNCIA, ORGULHO

Veneno. Existem posturas venenosas para o sucesso de qualquer tipo de empreendedor. Quando se fala em empreendedorismo evolutivo, tudo se amplia tal se estivesse olhando os fatos através de potentes lupas.

Detalhismo. A cosmoética requer detalhismo de princípios na automanifestação. Aceitável postura no mundo empresarial pode ser considerada extremamente nociva quando observada através do empreendedorismo cosmoético.

Traf*a*res. Traf*a*res existem em todas as conscins, e sempre existirão enquanto houver ressoma nesta dimensão. Podem ser simples ou compostos, porém sempre atravancadores do desenvolvimento evolutivo (Vieira, 1994, pág. 446). Evoluir significa minimizar os traf*a*res.

Fatuística. Alguns traf*a*res podem ser facilmente observados nas posturas de certos líderes, relacionados com poder e autoafirmação. Orgulho, egocentrismo, ganância e arrogância estão presentes no dia a dia de famílias, empresas e governos, envolvendo os empreendedores e atravancando a lucidez de sua manifestação.

Problemática. Considerando essa problemática arraigada em nossa sociedade, é de suma importância ao estudo do empreendedorismo evolutivo definir estes 4 traf*a*res e demonstrar alguns dos problemas gerados por eles, sobretudo quando não há interesse do empreendedor na reciclagem intraconsciencial.

Capítulo. Esse capítulo foi inserido ao final do livro de propósito, para chamar a atenção sobre o antagonismo evolutividade-egocentrismo.

Definologia. Boa intencionalidade apenas não é suficiente para atestar competência a ninguém. É sempre necessário haver autocrítica para avaliar o nível pessoal de atuação cosmoética. Segue abaixo, em ordem alfabética, a definição dos 4 traf*a*res de acordo com o dicionário Sacconi (2010) e sua consequente influência na manifestação do empreendedor, seja ele empresarial, familiar ou governamental:

1. Arrogância. "Atitude altiva ou soberba daquele que se acha superior e se julga no direito de menosprezar os outros; orgulho ostensivo". "Que ou quem mostra injustificado orgulho e vaidade, dando-se importância superior e julgando-se no direito de desprezar os outros".

Ocorrência. Infelizmente, no atual estágio evolutivo do planeta Terra, encontrar pessoas arrogantes é tarefa fácil ao observador atento. Certo nível de arrogância no ambiente empresarial pode impulsionar empreendedores em novos negócios, sendo o combustível necessário para se correr riscos. Certa dose de arrogância pode gerar certa dose de autoconfiança. Contudo, em empreendedorismo evolutivo essa é uma qualidade inaceitável, pelo simples fato de colocar o líder em superioridade total, em tudo, perante seus pares, causando desprezo às pessoas a sua volta. O limite cosmoético da arrogância é a autoestima sadia.

Repercussão. Diversos tipos de repercussão patológica podem sobrevir na vida da conscin arrogante, pois possui extrema dificuldade em valorizar quem está a sua volta. Assim sendo, a tendência é ficar em círculo de relações restrito àqueles com real necessidade de estar em sua presença. Existem inúmeros empreendedores arrogantes comandando empresas de sucesso, mas apenas os que reciclam esse traço possuem condições de agir sendo empreendedores evolutivos.

Consequência. O empreendedor arrogante não chegará ao empreendedorismo evolutivo sem reciclar esse traço da personalidade. Surtos de arrogância são prato cheio aos assediadores especialistas em fracasso. A conscin arrogante, por se manifestar de maneira patológica, tende a se afinizar mais com esses, e não com o amparo de padrão ponderado e hígido. As consequências ao empreendimento são acidentes de percurso recorrentes e um dia a dia conturbado.

2. Egocentrismo. "Característica de personalidade típica daquele que imagina que o mundo e todas as pessoas giram ao redor de si próprio; individualismo extremo". "Que ou aquele que se acha o centro de todos os pontos de interesse; personalista ao extremo".

Ocorrência. Se o arrogante se acha superior a todos a sua volta, o egocêntrico considera ser o centro do universo, para onde todos os interesses caminham. É o líder pensando ser sua empresa a merecedora de todos os prêmios e ovações, sem considerar os trafores dos concorrentes. É atitude infantil encontrada em muitos adultos líderes, inibidora de qualquer tipo de assistencialidade.

Repercussão. No ambiente empresarial, o empreendedor egocêntrico, individualista, tende a não considerar informações vindas de outra cabeça senão a sua, sendo extremamente fechado a neoideias alheias, gerando dificuldades operacionais na rotina de seu negócio.

Consequência. Qualquer tipo de organização onde as ações estão centradas exclusivamente na postura do líder possuirá dificuldades em se renovar e acompanhar as mudanças naturais do desenvolvimento social. O empreendedorismo evolutivo pode ser desenvolvido apenas quando há algum nível de abertismo e assistencialidade atuante no empreendedor.

3. Ganância. "Ânsia imoderada do lucro; ambição desmedida de ganho". "Ganho ou lucro ilícito".

Ocorrência. Existem empreendedores gananciosos desde a infância. Outros desenvolvem a ganância ao iniciarem a vida empreendedora, ao experimentarem o poder do dinheiro. A ganância é traço consciencial improdutivo evolutivamente, não importa qual o momento de ocorrência. O empreendedor evolutivo não coloca, em hipótese alguma, o lucro acima da assistência. Pelo contrário, muitas vezes, valoriza a assistência em detrimento do lucro pessoal e empresarial (Perillo, 2014, pág. 51).

Repercussão. A ganância gera repercussões patológicas no cotidiano do empreendedor. Estar pensando em lucro acima de qualquer outra coisa faz a conscin se manifestar de maneira draconiana, formando um holopensene interesseiro e atraindo outras conscins com o mesmo padrão energético.

Consequência. Na vida intrafísica, as consequências de atitudes gananciosas estão relacionadas principalmente ao círculo de convivência. Pelo fato de se pensar no lucro acima de tudo, a convivência fica por vezes impraticável, pois as relações de afeto se transformam em negócios e o cifrão predomina mesmo em situações onde a assistencialidade é requerida. O empreendedor interesseiro atrairá apenas pessoas interesseiras para perto de si.

4. Orgulho. Acepção pejorativa. "Sentimento daquele que está plenamente convencido, quase sempre equivocadamente, do seu valor e de sua beleza e ostenta-o, satisfazendo-se com isso; conceito extremamente elevado ou exagerado que alguém faz de si mesmo; sentimento de superioridade sem sentido que alguém manifesta sobre as demais pessoas à sua volta; excesso de amor próprio; arrogância; empáfia; soberba; altivez; imodéstia".

Ocorrência. No exercício da liderança é comum sobrevir o orgulho quando o líder já alcançou algum nível de sucesso em seus empreendimentos pessoais. As conquistas empresariais ativam gatilho na personalidade tendente a ser orgulhosa, pois ao fazer a comparação com outros membros da sociedade, o empreendedor se enxerga superior.

Repercussão. Em empreendedorismo evolutivo, qualquer ato de orgulho pode levar o empreendedor a atitudes anticosmoéticas, pois conforme o próprio conceito mostra, há um sentimento de superioridade do orgulhoso, soberba e imodéstia, ultrapassando nível aceitável de cosmoética na relação interpessoal.

Consequências. A atuação de um empreendedor se comportando sempre superior àqueles com os quais interage, causará dois fenômenos distintos com relação à temporalidade.:

1. Anterior ao sucesso empresarial: não conseguirá formar equipe de trabalho, pois suas energias e atitudes causarão repulsa nas pessoas a sua volta.

2. Posterior ao sucesso empresarial: tendência a se inebriar com o sucesso, ampliando ainda mais o sentimento de superioridade. Afasta assim naturalmente a equipe a sua volta, pela não valorização dos traf*o*res alheios.

Lógica. Esses quatro traf*a*res-base foram escolhidos por apresentarem características semelhantes entre si, ocorrendo muitas vezes de modo concomitante no mesmo empreendedor.

Reflexão. A reflexão atenta quanto aos conceitos apresentados pode funcionar ao modo de antídoto ao fracasso empreendedor, pelo simples fato de deixá-lo alerta às consequências negativas advindas de tais posturas.

Benefícios. O maior benefício ao se observar postura traf*a*rista na manifestação pessoal é poder, a partir de tal momento, eliminar qualquer ação decorrente do traço-fardo, através da reciclagem intraconsciencial, melhorando assim o holopensene pessoal.

Bibliografia

1. **Perillo,** Marcos; ***Empreender Sem Administrar Não Dá!;*** *M.Books;* 104p.; São Paulo, SP; 2014; página 51.

2. **Sacconi,** Luiz Antônio; ***Grande Dicionário Sacconi;*** 2088 p.; Editora Nova Geração; São Paulo, SP; 2010; verbetes arrogância, egocentrismo, ganância e orgulho.

3. **Vieira,** Waldo; ***700 Experimentos da Conscienciologia;*** 1.058 p.; 40 seções; 100 subseções; 700 caps.; 147 abrevs.; 1 cronologia; 100 datas; 1 *E-mail;* 600 enus.; 272 estrangeirismos; 2 tabs.; 300 testes; glos. 280 termos; 5.116 refs.; alf.; geo.; ono.; 28,5 x 21,5 x 7 cm; enc.; *Instituto Internacional de Projeciologia;* Rio de Janeiro, RJ; 1994; pág. 446.

30. RECOMENDAÇÕES AO EMPREENDEDOR EVOLUTIVO

Definição. De acordo com o dicionário Hoauiss (2010) *recomendar* significa indicar algo bom, digno de atenção.

Criticidade. Nenhum tipo de recomendação está isenta da autocrítica cosmoética do recomendado, pois não existem verdades absolutas, nem sequer consciência infalível.

Autocrítica. Existem pessoas hipercríticas nas abordagens conscienciais e existem outras acríticas, tratando a vida na base do lema *deixa a vida me levar*. Exercitar a autocrítica é exercitar o equilíbrio consciencial através da atenção e cognição acuradas.

Recomendações. Estão elencadas nesse capítulo 16 recomendações, indicações e sugestões a qualquer tipo de empreendedor, mas principalmente aos interessados no empreendedorismo evolutivo, ou seja, àqueles interessados de modo sincero e decidido em fazer de toda ação pessoal um ato de evolução.

Autoexemplo. Tais recomendações não estão baseadas em nenhuma referência bibliográfica específica, mas sim na autoexperimentação deste autor, sendo as mesmas um resumo de ideias das vivências pessoais até o atual momento evolutivo.

Empreendedorismologia. Segue abaixo em ordem alfabética, as 16 recomendações aos empreendedores evolutivos, escritas no *verbo imperativo,* com o intuito de oferecer maior clareza nas abordagens:

01. Ação. Procure agir. Ninguém evolui parado, muito menos o empreendedor. Decidofobia requer tratamento. O melhor é adotar a *Decidologia,* ou seja, o estudo cauteloso da melhor decisão a ser tomada.

02. Ansiedade. Gerencie sua ansiedade. Toda ação empreendedora possui seu tempo de maturação. Nada ocorre ao acaso. Muitas vezes, a queda do *empreendedor foguete* é mais rápida do que sua ascensão veloz. Experiência e paciência são dois itens inevitáveis da caminhada evolutiva.

03. Aposentadoria. Pense em evolução. Aposentadoria não existe. Sombra e água fresca são ilusões predispondo à depressão. O ser desperto é aquele capaz de sobrepairar o estresse da vida intrafísica e manter a atividade assistencial concomitantemente.

04. Confor. Priorize o *conteúdo* de sua manifestação, porém nunca esqueça da *forma*. A estética pessoal e o local de trabalho limpo, organizado e bonito, melhoram o padrão de energias e ampliam a capacidade de repercussão positiva do holopensene local nos assistidos.

05. Continuísmo. Procure estabelecer sua conduta numa linha reta, porém flexível, alcançando assim o continuísmo no desenvolvimento pessoal. Continuísmo é cláusula pétrea de qualquer proéxis avançada.

06. Cosmoética. Busque a autochecagem constante do nível pessoal de cosmoética aplicado nos empreendimentos e em todas as ações a serem tomadas. Essa é a única forma de conferir padrão evolutivo a qualquer ação intrafísica.

07. Detalhismo. Seja detalhista e erre menos. Conhecendo detalhadamente a autopensenidade pode-se ampliar o autoconhecimento, e assim, compreender nos pormenores o mundo no qual se vive.

08. Esquemas. Nunca pense em realizar os chamados *"esquemas"* ou *negociatas* para ganhar vantagens em negociações ou ganhar dinheiro rápido. Lembre-se do ditado: *aquilo que vem fácil, vai fácil.* A intenção anticosmoética aproxima o assediador.

09. Finanças. Busque implementar uma administração financeira controlada e organizada em sua empresa e também em sua vida. Isso facilitará a obtenção do pé-de-meia, liberando espaço mental e tempo para pensar na execução da proéxis.

10. Ideias. Não menospreze suas ideias inatas. Elas podem ser provenientes do seu CI, e assim oferecer a melhor direção ao empreendimento evolutivo.

11. Intermissibilidade. Seja cosmoético o tempo todo, independentemente do assunto em jogo. Aos intermissivistas não resta outra opção senão a conduta evolutiva e cosmoética, nos negócios e na vida intrafísica em geral. A pensenidade cosmoética libera espaço mental para as lembranças do CI.

12. *Large*. Pense grande. A materialização de qualquer coisa na vida intrafísica começa nos pensenes. Cultivemos nossos pensenes cosmoéticos para termos resultados evolutivos.

13. Modéstia. Saiba ouvir aqueles que observam sua manifestação. Até mesmo o maior apedeuta pode, um dia, nos fornecer um *feedback* útil. Ao iniciarmos um negócio é importante buscarmos o maior número de informações possível. Saibamos ouvir quem nos cerca.

14. Organização. Não misture finanças pessoais com as da empresa. Qualquer empresa é também uma pessoa, porém de caráter jurídico. Sacar dinheiro do caixa da empresa para despesas pessoais, a qualquer momento, leva ao risco de perder o controle no orçamento pessoal e empresarial. Administrar a proéxis é também saber se controlar.

15. Parapsiquismo. O desenvolvimento parapsíquico deve ser conduta-padrão no seu cotidiano. O parapsiquismo amplia a visão de conjunto e permite maior lucidez nas posturas assistenciais.

16. Pé-de-meia. Se esforce para conquistar seu pé-de-meia até o início da fase executiva de sua proéxis (36 anos). Assim poderá se concentrar em empreender, independentemente do ganho financeiro relacionado ao negócio. Ou seja, estará mais apto a pensar na evolução, pois a sobrevivência estará garantida.

Ação. Esta listagem foi a síntese das principais posturas a serem consideradas pelo empreendedor evolutivo em sua caminhada.

Noeposturas. Conclui-se assim este livro com o desejo de haver incitado o florescimento de neoposicionamentos evolutivos em seus leitores.

Referências

1. **Houaiss,** Antonio; ***Dicionário Houaiss da Língua Portuguesa;*** versão digital; *Objetiva;* Rio de Janeiro, RJ; 2009; verbete recomendar.

GLOSSÁRIO CONSCIENCIOLÓGICO

O presente glossário foi elaborado a partir de conceitos apresentados pelo pesquisador Waldo Vieira (1932–), nos tratados científicos *700 Experimentos da Conscienciologia* (1994), *Projeciologia: Panorama das Experiências da Consciência Fora do Corpo Humano* (1999), *Homo sapiens reurbanisatus* (2004), *Homo sapiens pacificus* (2007), *Enciclopédia da Conscienciologia* (2013) e *Dicionário de Argumentos da Conscienciologia* (2014).

Abertismo consciencial - Condição avançada da conscin neofílica com abertura *omnilateral* da autopensenidade ao conhecimento quanto à evolução da consciência, capaz de executar intencionalmente, com a própria vida, as técnicas evolutivas avançadas da Conscienciologia, por exemplo, a Cosmoeticologia, a invéxis, a tenepes e a desperticidade.

Acerto grupocármico - Ajuste cármico de alguém quando ocorre conjunta e simultaneamente com outras conscins ou consciexes.

Ambientex - Ambiente extrafísico é o local ou meio onde a conscin projetada se manifesta fora do corpo humano e do mundo geográfico tridimensional, esfera ou dimensão de vida além da dimensão intrafísica, material ou humana da vigília física ordinária.

Amparador extrafísico - Consciência benfazeja e auxiliadora de consciência humana (conscin) ou de várias consciências humanas ao mesmo tempo, quando afins ao nível de evolução, notadamente durante as projeções extrafísicas, abrangendo a influência benéfica em toda a vida intrafísica da personalidade e até mesmo durante o estado da vigília física ordinária.

Amparo extrafísico - Realização da assistência (amparação, apoio, ajuda, auxílio, arrimo, suporte; sustentáculo) evidente dos amparadores extrafísicos, capazes de atuar de modo sadio e universalista, não manipulador, junto às manifestações ordinárias do dia a dia intrafísico da conscin, quando já detentora de méritos cosmoéticos óbvios, no desenvolvimento e conclusão da programação existencial (maxiproéxis) pessoal.

Anticosmoética – Procedimento imaturo no qual a consciência infringe consciente ou inconscientemente os princípios universais, corretos e evolutivos, da Cosmoética, multidimensional, agindo de modo indigno, antifraterno, marginal ou criminoso com efeitos patológicos ou dolosos.

Apriorismose – É a qualidade, condição ou estado cronicificado do apriorista, homem ou mulher, somente capaz de raciocinar *a priori*, a partir de elementos prévios fixados, sem exame, análise ou verificação, independente da facticidade ou da parafacticidade.

Assediador extrafísico – Consciência extrafísica promotora da condição patológica da assedialidade extrafísica, ação negativa ou perseguição insistente, direta ou indiretamente, de qualquer natureza, sobre outras consciências.

Assedialidade – Intrusão pensênica interconsciencial, doentia. Expressão equivalente, anacrônica: *obsessão.*

Assim – É a assimilação simpática de energias conscienciais (ECs), pela vontade, ou o ato básico de absorver temporariamente as energias conscienciais de outrem e perscrutar-lhe condições holossomáticas, parafisiológicas e parapatológicas, não raro com a decodificação espontânea do conjunto de pensenes de outra ou até mesmo de outras consciências.

Assistenciologia – Especialidade da Conscienciologia que estuda as técnicas de amparo e auxílio interconsciencial, notadamente no que se refere aos seus efeitos para a consciência considerada "inteira", holossomática e multimilenar com vistas à holomaturidade, um trabalho de solidariedade lúcida entre as consciências no caminho para a megafraternidade. É subcampo científico da Conviviologia.

Atacadismo consciencial – Sistema de comportamento individual caracterizado pela diretriz de se levar em conjunto, ou de eito, os atos conscienciais, sem deixar rastros ou *gaps* evolutivos, negativos, para trás.

Autoassédio – Condição ou estado da conscin emocional, intelectual e energeticamente predisposta a se molestar autopensenicamente, com insistência importuna e patológica sobre si mesma, sem qualquer Higiene Consciencial nem autodisciplina ideativa, constituindo o embasamento para todo tipo de hetero-assédio.

Autobilocação consciencial - É o ato do projetor(a) intrafísico encontrar e contemplar o próprio corpo humano *cara a cara*, estando a consciência fora dele, sediada em outro veículo de manifestação consciencial.

Autoconsciencialidade - Qualidade do nível de autoconhecimento por parte da própria consciência; megaconhecimento.

Autoconscientização Multidimensional - É a condição da lucidez madura da conscin quanto à vida consciencial no estado evoluído da multidimensionalidade, alcançado através do poder da vontade (Voliciologia) promovendo as projeções conscientes (Projeciologia) em outras dimensões, fora da esfera das manifestações físicas (Intrafisicologia), ou seja, por intermédio da projetabilidade lúcida (PL).

Autocorrupção - É a repetição do ato com o qual a pessoa não se sente confortável e para o qual não consegue dar aprovação, cuja lembrança, escamoteada no mais absconso escaninho do íntimo, incomoda, corrompe a si própria, notadamente do ponto de vista anticosmoético, reforçando os traços-fardo (traf*a*res) e prejudicando a autevolução.

Autodiscernimento - Ato ou efeito de discernir e determinar a capacidade pessoal superior de compreender situações com clareza e exatidão, primeiro, para depois julgar, distinguir, decidir e identificar, *separando* o lógico do ilógico, o verossímil do inverossímil, o homeostático do caótico, o positivo do negativo, o verdadeiro do falso, o certo do errado, o sadio do patológico, o melhor do péssimo, o ideal do inframedíocre, o prioritário do preterível, o neofílico do neofóbico, o novíssimo do ultrapassado, o joio do trigo, o racional do irracional, a exatidão da ambiguidade, a sensatez da coragem, a prudência da imprudência, além do bom senso, da boa intenção e da boa vontade, capaz de dar maior acerto, justiça, consenso e evolução consciencial às tomadas de decisão e posição da consciência.

Autoimperdoador - Conscin, homem ou mulher, que não se perdoa, em suas autodisciplinas, quanto aos próprios erros e omissões, a fim de eliminar as autocorrupções conscientes.

Autoincorruptibilidade - É a qualidade ou caráter da realidade incorruptível pessoal da conscin cosmoética e teática, assentada no *trinômio autodiscernimento-automotivação-autorganização* e formando a base dos princípios específicos para se viver melhor ou mais sadiamente a cotidianidade diuturna.

Automimese existencial - Imitação, por parte da conscin, das próprias vivências ou experiências passadas, sejam do renascimento intrafísico atual ou de existências anteriores.

Autopensene - É o pensene da própria consciência.

Autopensenização - Elaboração intraconsciencial exclusiva do ato de pensenizar da consciência, construindo diferentes formas de ideias, sentimentos e manifestações energéticas, conjugadas e ininterruptas, expandindo a autocognição nos contextos da evolução interminável.

Autorrevezamento consciencial - Condição avançada em que a consciência evolui entrosando uma existência intrafísica com outra, consecutivamente, ao modo dos elos de uma cadeia (seriéxis), dentro do seu ciclo multiexistencial *(holobiografia).*

Autorrevezamento multiexistencial - Ato, processo ou efeito de a consciência lúcida revezar-se, com inteira autoconsciência, no desenvolvimento ininterrupto dos empreendimentos evolutivos, avançados e intencionalmente entrosados, ao máximo, entre as séries de intermissões pré-ressomáticas e pós-ressomáticas e as vidas intrafísicas, consecutivas, continuadas, multisseculares.

Baratrosfera - É a dimensão extrafísica patológica da paratroposfera terrestre, usada como domicílio coletivo de consciexes anticosmoéticas, doentias, parapsicóticas e paracomatosas.

Bússola intraconsciencial - Ponteiro da consciência manifestando-se sadiamente, fornecendo orientação da direção cosmoética às manifestações pensênicas, de modo a indicar o nível evolutivo máximo em favor da megafraternidade vivida.

Calculismo Cosmoético - Conjunto de procedimentos integrados pelo cálculo, a conjetura e a avaliação detalhista e exaustiva para se desenvolver qualquer empreendimento seja individual ou grupal.

CCCI - *Comunidade Conscienciológica Cosmoética Internacional* é o conjunto de habitantes, reunião ou agrupamento e a vida intrafísica, em comum, da sociedade de conscins conectadas pelos vínculos conscienciais da Conscienciologia, na cotidianidade diuturna, nesta dimensão humana, material ou terrestre.

Central Extrafísica da Fraternidade (CEF) - Parainstituição ou comunidade extrafísica especializada, planejada e instalada para irradiar manifestações ou cosmopensenizações da fraternidade permeando o Cosmos de modo terapêutico e homeostático, na assistência silenciosa, anônima e efetiva às consciências, em geral.

Central Extrafísica da Verdade (CEV) - Parainstituição ou comunidade extrafísica especializada, planejada e instalada para irradiar as manifestações ou paraconstructos da verdade básica do Cosmos, terapêutica e homeostática, na assistência efetiva às consciências, em geral.

Central Extrafísica de Energia (CEE) - Parainstituição especializada, planejada e montada para estocar, manter e monitorar a energia consciencial (EC), ao modo de estação extrafísica de energias conscienciais, objetivando o abastecimento e a distribuição de energias terapêuticas, homeostatizantes, na assistência efetiva a outras consciências - consciexes e conscins - sob a supervisão direta do Colégio Invisível dos Serenões.

Ciclo multiexistencial pessoal (CMP) - Intervalo de tempo durante o qual se completa a sequência da sucessão, regularmente recorrente, de eventos ou fenômenos do sistema ou condição de alternância continuada, multissomática e multimilenar, no atual nível evolutivo consciencial médio, do período do renascimento intrafísico (pré-ressomática; ressoma) da consciex na vida humana, com outro período de pós-desativação somática (dessoma; pós-dessomática), extrafísico, dessoma ou a volta da conscin à *intermissão.*

Clariaudiência - Capacidade relativa às conscins *parapsíquicas audientes,* sensitivas ouvintes ou clariaudientes, em captar, perceber ou receber mensagens telepáticas, para eles, no caso, às vezes sonoras, enviadas ou emitidas pelas consciexes e conscins projetadas.

Clarividência - Capacidade parapsíquica de captar, perceber ou sentir determinado padrão de energia consciencial, seja referente a objeto, ambiente ou consciência, localizada na dimensão intrafísica ou extrafísica, estando cronologicamente no passado, presente ou futuro, e transformar esta percepção energética em imagem.

Código pessoal de Cosmoética - É a compilação sistemática ou o conjunto de normas de retidão, ortopensenidade e autocomportamento policármico do mais alto grau moral, criado e seguido pela consciência mais lúcida, em qualquer dimensão existencial.

Completismo existencial (compléxis) - Rara condição na qual a consciência pré-serenona, mas de exceção, consegue realizar, razoavelmente, as atribuições que lhe foram conferidas em sua vida na Terra (proéxis), aproveitando as potencialidades evolutivas que o soma lhe ofereceu.

Comunex - É a comunidade extrafísica, agrupamento parapopulacional ou reunião e vida em comum de consciexes em dimensão extrafísica específica.

Con - Unidade hipotética de medida do nível de lucidez da conscin ou da consciex.

Conscienciograma - Planilha técnica das medidas avaliativas do nível de evolução da consciência, o megateste consciencial tendo por modelo o *Homo sapiens serenissimus,* representando 100% da escala evolutiva, responsável pela conta-corrente egocármica, positiva, exemplar.

Conscienciologia - Ciência que estuda a consciência de modo integral, holossomático, multidimensional, multimilenar, multiexistencial e, sobretudo, conforme as suas reações perante as EIs e as ECs, bem como em seus múltiplos estados.

Conscienciólogo (a) - Conscin empenhada no estudo permanente e na experimentação objetiva, dentro do campo de pesquisas da *Conscienciologia,* na qualidade de agente de renovações evolutivas *(agente retrocognitor),* no trabalho libertário das consciências em geral.

Consciencioometrologia - Disciplina ou área que estuda as medidas conscienciológicas, ou da consciência, através dos recursos e métodos oferecidos pela *Conscienciologia,* capazes de assentar as bases possíveis da *matematização da consciência.* Instrumento principal: conscienciograma.

Consciex - É a consciência extrafísica, o paracidadão ou paracidadã da Sociedade Extrafísica.

Consciex Livre - Consciência extrafísica liberta definitivamente (desativação) do psicossoma, ou do paracorpo emocional, e, consequente mente, da fieira da Seriexologia das vidas humanas, ou intrafísicas, consecutivas, processo antigo, multimilenar, situando-se na *hierarquia evolutiva* depois do *Homo sapiens serenissimus,* e encetando, então, outro curso evolutivo mais avançado, cujas diretrizes principais ainda permanecem desconhecidas pela Humanidade Terrestre atual.

Conscin - Consciência intrafísica é a consciência quando vivendo no corpo humano; homem ou mulher.

Conscin-cobaia - Consciência intrafísica, homem ou mulher, pesquisada, investigada, analisada, examinada, anatomizada, esmiuçada e utilizada na condição de modelo de estudo em situação específica, contextual ou vivencial, ímpar, independente da autoconscientização pessoal quanto aos fatos, parafatos e às múltiplas dimensões nos quais se manifesta.

Consréu - É aquela consciência extrafísica de paragenética patológica compulsoriamente deslocada - por atuação das reurbanizações extrafísicas promovidas por Serenões e evoluciólogos - da comunidade extrafísica patológica (baratrosfera), onde estava há séculos, para outra comunidade extrafísica de transição, relativamente mais evoluída, a fim de se preparar para ressomar na Terra, ou ainda, em casos mais graves, sofrer a transmigração imposta para outro planeta de evolução intrafísica inferior a este.

Continuísmo consciencial - Condição da inteireza - sem brechas - na continuidade da vida consciencial através da previsão providencial e do autorrevezamento evolutivo, ou seja: a emenda desta vivência do momento, às vivências imediatamente anterior e posterior, incessantemente, em um todo coeso e único, sem solução de continuidade nem experiências conscienciais estanques.

Cosmoconsciência - Condição ou percepção interior da consciência do cosmo, da vida e da ordem do Universo, em uma exaltação intelectual e cosmoética impossível de se descrever, quando a consciência sente a presença viva do Universo e se torna una com ele, em uma unidade indivisível.

Cosmoética - É a ética ou reflexão sobre a moral cósmica, multidimensional, definindo a holomaturidade consciencial, situada além da moral social, intrafísica, ou aquela apresentada sob qualquer rótulo humano, ao modo de discernimento máximo, moral e emocional, a partir da intimidade do microuniverso de cada consciência.

Cosmograma - É a planilha técnica para a determinação valorativa das realidades do Universo, filtradas pelos princípios multidimensionais da Conscienciologia, através da associação máxima de ideias ou visão de conjunto, a partir dos fatos alcançando e envolvendo o holopensene da conscin auto e heterocrítica.

Cosmovisiologia – É a Ciência aplicada ao estudo teático do entendimento evolutivo da cosmovisão conscienciológica, exaustiva, multidimensional, multiexistencial, holopensênica, holomnemônica, holobiográfica, holocármica e holossomática.

Curso Intermissivo - Conjunto de disciplinas, ensinadas de acordo com programas traçados em série de aulas e experiências teáticas, administradas à consciex depois de determinado nível evolutivo lúcido, durante o período da intermissão consciencial (Intermissiologia, Extrafisicologia), dentro do ciclo de existências humanas pessoais, objetivando o completismo consciencial (compléxis) da programação existencial (proéxis), na próxima vida intrafísica.

Descoincidência vígil - Condição parapsíquica da conscin – projetor ou projetora – em que a mesma se percebe com psicossoma fora do estado da coincidência, em plena vigília física ordinária, sem sentir-se completamente integrada ao soma, gerando a intensificação de parapercepções e fenômenos energéticos e parapsíquicos.

Desperticidade – Qualidade consciencial, evolutiva, do ser desperto, desassediado, permanente, total, plenamente autoconsciente da qualidade de desperticidade dentro das tarefas assistenciais às consciências.

Desperto - Ser intrafísico, ou conscin, desassediado, permanente, total, plenamente autoconsciente da sua qualidade de desperticidade.

Dessoma - Desativação somática, próxima e inevitável para todas as conscins; projeção final; *primeira morte;* morte biológica; monotanatose. A dessoma (simplesmente) ou *primeira* dessoma é a desativação do corpo humano ou soma. A *segunda* dessoma é a desativação do holochacra. A *terceira* dessoma é a desativação do psicossoma.

Egocarma – Princípio de causa e efeito, atuante na evolução da consciência, quando centrado exclusivamente no ego em si. Estado do livre-arbítrio preso ao egocentrismo infantil.

Egocarmologia – Ciência aplicada aos estudos, conhecimentos específicos, sistemáticos, técnicos, teáticos ou pesquisas da estrutura, condição ou caráter das relações dos princípios de causa e efeito, atuantes na evolução da consciência, quando centrados exclusivamente no ego em si, no universo da lei de ação e reação, lei do retorno ou da Holocarmologia.

Encapsulamento consciencial – Manobra energética, paratécnica, avançada, própria da conscin lúcida, traquejada com a mobilização das energias conscienciais (ECs), em si mesma ou extraconscziencialmente, com o isolamento assistencial e a anulação energética, temporária, das manifestações pensênicas, especificamente intrusivas ou assediadoras, podendo consistir da consciência individualmente ou em grupo, conscins e / ou consciexes, sadias e / ou enfermas, a partir da vontade decidida, da intenção firme e da autodeterminação sadia.

Energia consciencial – É a energia imanente empregada pela consciência nas pensenizações ou manifestações em geral.

Energia imanente (EI) – Energia primária, vibratória, essencial, multiforme, impessoal, difusa e dispersa em todos os objetos ou *realidades* do Universo, de modo onipotente, ainda indomada pela consciência humana, e demasiadamente sutil para ser descoberta e detectada pelos atuais instrumentos tecnológicos.

Energossoma – Paracorpo energético da consciência humana.

Energossomática – Especialidade da Conscienciologia aplicada ao estudo da qualidade das manifestações da consciência humana (conscin) derivadas do holochacra ou o paracorpo energético (energossoma), bem como as manobras energéticas e consequente influência sobre a autopensenidade e os estados de coincidência e descoincidência da conscin.

Epicon lúcido – Epicentro consciencial, a conscin-chave, homem ou mulher, autoconstituída qual eixo fulcral de lucidez, minipeça de maximecanismo interassistencial, multidimensional, cosmoético, através da autoconsciencialidade avançada ou, por exemplo, do desenvolvimento ativo da oficina extrafísica (ofiex) dentro do tenepessismo.

Equipex – Conjunto de consciências extrafísicas gabaritadas, afinizadas e interatuantes operacionalizando os empreendimentos evolutivos interdimensionais.

Escala evolutiva das consciências – Hierarquização das faixas conscienciológicas, representando a categoria, nível, estado ou período específico de manifestação evolutiva predominando na consciência.

Euforex – Condição de euforia extrafísica, após a desativação somática, gerada pelo cumprimento razoável da proéxis; euforia *post-mortem*; paraeuforia; euforia pós-somática.

Evoluciente – É a conscin, homem ou mulher, assistido(a) pela Conscienciotерapia.

Evoluciologia – Especialidade da Conscienciologia dedicada aos estudos da evolução da consciência abordada de modo integral, holossomático, multiexistencial e multidimensional. Subcampo científico da Pensenologia.

Evoluciólogo – Consciência coadjutora da coordenação inteligente da programação existencial (proéxis), evolução consciencial individual ou de todo o grupo de consciências componentes do próprio megagrupocarma.

Experimentologia – Especialidade da Conscienciologia aplicada aos estudos técnicos dos experimentos evolutivos da consciência em todas as formas, naturezas e categorias.

Extrafísico – Relativo àquilo que esteja fora, ou além, do estado *intra*físico ou humano; estado consciencial *menos* físico do que o soma.

Extrafisicologia – Especialidade da Conscienciologia aplicada aos estudos técnicos das relações e vivências da conscin em outras dimensões, além da intrafisicalidade.

Extrapolacionismo – Estudo aplicado às experiências de extrapolações ou antecipações evolutivas, esporádicas, obviamente não habituais nem rotineiras, da consciência em qualquer nível evolutivo, em relação ao próprio nível atual, ou imediatamente superior ou outro ainda mais avançado.

Ficha evolutiva pessoal (FEP) – Registro extrafísico, conjunto ordenado das informações e caracteres mais íntimos e detalhistas das manifestações pensênicas essenciais, relativo às autovivências ou ao microuniverso de todo princípio consciencial, sempre atualizada ou preenchida paratecnologicamente sob a responsabilidade do evoluciólogo, ou orientador evolutivo extrafísico, do grupocarma.

Fitoenergia – É o conjunto de energias presente e irradiada pelos vegetais.

Força presencial - É o magnetismo ou a eletricidade humana derivada da psicosfera ou do holopensene específico da pessoa, compondo o conjunto de manifestações pensênicas, holossomáticas, notadamente com energias conscienciais exteriorizadas, de modo consciente ou inconsciente, influenciando cosmoética ou anticosmoeticamente esta e outras dimensões conscienciais.

Gescon - É a produtividade evolutiva, cosmoética e útil da conscin, centrada na consecução de obras de fraternidade vivida de neoideias libertárias, dentro do quadro de obras pessoais da programática mais avançada da proéxis.

Grupalidade - Qualidade do grupo evolutivo da consciência; condição da evolutividade em grupo.

Grupo evolutivo - Reunião de consciências, mais ou menos lúcidas, evoluindo juntas conforme a afinidade de emoções, ideias e atos.

Grupocarma - Princípio de causa e efeito, atuante na evolução da consciência, quando centrado no grupo evolutivo. Estado do livre-arbítrio individual, preso ao grupo evolutivo.

Grupocarmologia - Especialidade da Conscienciologia aplicada aos estudos técnicos das relações ou princípios de causa e efeito atuantes na evolução da consciência quando centrados no grupo evolutivo (ciência dos grupos evolutivos; rede de relações evolutivas).

Heteroassédio - Condição ou estado da conscin emocional, intelectual e energeticamente submissa ao assédio ou insistência impertinente de outra consciência inconsciente, energívora, ou consciente e mal intencionada.

Heteropensene - O pensene de outrem em relação a nós.

Hiperacuidade - Qualidade da lucidez máxima da conscin alcançada pela recuperação que lhe é possível de cons.

Holobiografia - Conjunto dos arquivos pessoais da evolução multidimensional da consciência ao longo das seriéxis.

Holocarma - É a reunião dos 3 tipos de ações e reações conscienciais - egocarma, grupocarma e policarma - dentro dos princípios de causa e efeito, ou ação e reação, atuantes no caminho da evolução da consciência, seja conscin ou consciex.

Holomaturidade - É a qualidade de madurez consciencial integrada - biológica, psicológica, holossomática e multidimensional - da consciência humana.

Holomemória - Memória integral - total, contínua, multimemória ou polimemória - é a fonte de identidade consciencial que, um dia, empregaremos com lucidez, eficácia e cosmoética a todo momento, sem maiores esforços. Esta holomemória é multiexistencial, multimilenar e multidotada, o nosso megarrepositório quanto às vivências.

Holopensene - É a atmosfera pensênica ou ambiente intrafísico fixador do conjunto de pensenes agregados ou consolidados, seja da conscin apenas ou de todo o grupo evolutivo.

Holossoma - Conjunto dos veículos de manifestação da conscin: soma, holochacra, psicossoma e mentalsoma; e da consciex: psicossoma e mentalsoma.

Holossomatologia - Estudo específico do holossoma. É uma especialidade da Conscienciologia.

Homeostase geral - Processo de regulação pelo qual a vida cósmica pode manter constante o estado do próprio equilíbrio ou a homeostasia entre os princípios conscienciais.

Homeostase holossomática - Estado integrado, hígido, de harmonia do holossoma.

Homo sapiens serenissimus - Consciência quando na vivência integral da condição do serenismo lúcido. Sinônimo de emprego popular: *Serenão.*

IC - *V. Instituição Conscienciocêntrica.*

Impactoterapia - É o processo terapêutico evoluído empregando, cosmoeticamente, a verdade relativa de ponta como remédio ou *técnica cirúrgica* para dar o *choque mentalsomático* do heterodiscernimento consciencial, racional, nas conscins misoneístas, neofóbicas, *leitores de cabresto,* componentes de algum público dirigido, constituído pelos portadores da robéxis cronicificada, e liderados por personalidades anticosmoéticas, autocráticas, fanáticas, dogmáticas, defensoras de verdades absolutas, ultrortodoxas ou fundamentalistas se julgando *donas da verdade* ou acima do bem e do mal.

Instituição Conscienciocêntrica - É aquela concentradora das atividades nas autopesquisas da consciência e na reeducação consciencial, a partir da razão social e dos estatutos legais transparentes, sendo intrínseca, cosmoética e conscienscialmente sadia.

Inteligência evolutiva - É a capacidade de apreender, aprender ou compreender e adaptar-se à vida humana, com bases na aplicação e expansão teática, autoconsciente, do mecanismo da evolução consciencial, pessoal, já assimilado, incluindo a Cosmoeticologia, a Seriexologia e a Proexologia, definindo o autodiscernimento da consciência quanto à evolução consciencial racional, inclusive a autevolução lúcida, na dinamização do próprio desempenho autopensênico e cosmoético.

Interassistencialidade - É a vivência da assistência interconsciencial, mútua, fundamentada notadamente na reeducação por intermédio da tarefa do esclarecimento (tares), inteligência evolutiva (IE), Cosmoética, policarmalidade e no princípio cósmico de "quem é menos doente assiste o mais doente".

Interconscienciologia - Ciência aplicada ao estudo embasado plenamente nas manifestações centradas entre as consciências ou entre a consciência e as realidades extraconscienciais.

Interiorose - Qualidade, condição ou estado cronicificado do interiorota, homem ou mulher, superradicado e circunscrito a pequeno burgo, seja aldeia, bairro, subúrbio retirado ou área rural, do Interior do país, sem coragem nem estímulos para encarar a cosmovisão da vida além desse limite acanhado.

Intermissão - Período extrafísico da consciência entre duas das suas seriéxis pessoais.

Intermissiologia - Especialidade da Conscienciologia relativa aos estudos do *período da intermissão* da consciência em evolução, compreendido entre duas de suas vidas intrafísicas, dentro do seu ciclo existencial.

Intermissivista - A consciex aluna ou ex-aluna de algum Curso Intermissivo (CI) pré-ressomático, contudo, no universo da Conscienciologia, é, especificamente, a conscin, homem ou mulher, ex-aluna autoconsciente quanto aos próprios compromissos e deveres evolutivos, variegados, acordados durante as vivências do período da pré-natalidade intermissiva, por intermédio da assistência direta do evoluciólogo atuante naquela oportunidade extrafísica.

Interprisão grupocármica - Comprometimento interconsciencial coercitivo decorrente de ações anticosmoéticas conjuntas ou em grupo, a condição de inseparabilidade grupocármica do princípio consciencial evolutivo ou consciência.

Intraconsciencialidade - Qualidade das manifestações específicas da intimidade da consciência.

Intraconscienciologia - Ciência aplicada ao estudo embasado plenamente nas manifestações centradas no âmago ou no regaço mais inerente da intraconsciencialidade, quando a consciência (conscin ou consciex) emprega o máximo dos potenciais dos atributos mentaissomáticos mais recônditos, inseridos no microuniverso consciencial.

Intrafisicalidade - Condição da vida intrafísica, humana, ou da existência da consciência humana.

Inversor existencial - Consciência humana disposta a realizar a invéxis na vida intrafísica.

Invexibilidade - Qualidade da realização intrafísica da invéxis.

Invéxis - A técnica da inversão existencial realizada pela consciência humana (conscin) tendo início antes da maturidade biológica.

Materpensene - É a ideia-mãe, a matriz de todo desenvolvimento de tese, teoria ou ensaio, o *leitmotiv,* o pilar mestre ou o pensene predominante em qualquer holopensene.

Maturidade integrada - Estado da maturidade consciencial mais evoluída, além da maturidade biológica ou física, e da maturidade mental ou psicológica; holomaturidade.

Maxidissidência ideológica - Momento crítico, a maior, de separação inapelável perante grupo ou instituição, quando a parte isolada trava o progresso consciencial da outra, visando desenvolvimento de ideia mais avançada e libertária.

Maxifraternidade - Condição interconsciencial, universalista, mais evoluída, fundamentada na fraternidade pura da consciência autoimperdoadora (não perdoar os próprios erros) e heteroperdoadora (perdoar os erros dos outros), meta inevitável na evolução de todas as consciências.

Maxiproéxis - É a programação existencial máxima, *por atacado,* maior, avançada, doadora, dedicada conscientemente ao bem da coletividade, objetivando a consecução da tarefa do esclarecimento (tares), na vivência do universalismo, da maxifraternidade e da Paradireitologia, com bases evolutivas policármicas.

Megaeuforização – É o estado energético provocado pela vontade decidida da consciência, conscin ou consciex, por meio da exaltação máxima das energias conscienciais da energosfera ou do holossoma, levado ao ápice homeostático da harmonização íntima do microuniverso consciencial, com expansão da consciência, gerando a aura de saúde, serenidade, tranquilidade, fraternidade universal, ápice de plenitude e autodisposição para a realização interassistencial, a partir do estado vibracional (EV).

Megatrafor – O maior traço-força ou o megatalento predominante na estrutura do microuniverso da consciência.

Mentalsoma – É o corpo mental ou paracorpo do discernimento da consciência; o veículo de manifestação mais sofisticado.

Microuniverso consciencial – A consciência considerada de per si, como um todo, englobando todos os seus atributos, pensenes e manifestações no desenvolvimento da sua evolução. O microcosmo da consciência em relação ao macrocosmo do Universo.

Minipeça Interassistencial – Consciência lúcida dedicada ao trabalho assistencial, interconsciencial, multidimensional e cosmovisiológico do próprio grupo evolutivo, convicta da função menor pessoal, contudo produtiva e participativa, dentro do maximecanismo de assistência às conscins e consciexes.

Multidimensionalidade – Condição inerente à consciência, seja conscin ou consciex, vivendo sempre, inevitavelmente, atuando, ao mesmo tempo, de modo consciente ou inconsciente, em "n" dimensões existenciais.

Multiexistencialidade – É a qualidade da condição de autoconsciência e vivência continuadas da consciência quanto às suas múltiplas vidas, entrosadas entre si, através do tempo.

Neofilia – Adaptação fácil da pessoa às situações, coisas e acontecimentos novos.

Neopensene – É o pensene da consciência humana, quando se manifesta através de novas sinapses ou conexões interneuroniais (hemisférios corticais) gerando ideias novas.

Neoverpon – É a nova verdade relativa de ponta, neopensene, neoconstructo ou neoideia à espera de ser descoberta ou revelada por meio da persistência inabalável do desempenho do pesquisador autoconsciente ou pesquisadora lúcida.

Oficina Extrafísica – *V. Ofiex.*

Ofiex – A *ofiex* (oficina extrafísica) é a instalação física-extrafísica atuante na heterassistencialidade diária, avançada, do tenepessista veterano, homem ou mulher, na condição de epicon intrafísico, representando tal oficina, mais evoluída, equivalente à base humana, doméstica, da conscin.

Omissão superavitária – É a *conduta-exceção,* seja pessoal ou grupal, de se evitar, profilaticamente, de modo consciente e com autodeterminação, a ação antievolutiva ou anticosmoética, no caso indo explicitamente no contrafluxo ordinário da Socin, ainda patológica, contra os tradicionalismos bolorentos, folclores, mitos, simpatias ancestrais, superstições e idiotismos culturais em vigor, mesmo arrostando a incompreensão da *conduta-padrão* dos incautos e inconscientes quanto à inteligência evolutiva (IE).

Ortopensene – Pensene *reto* ou cosmoético, próprio da holomaturidade consciencial; a *unidade de medida* da cosmoética prática, segundo a Conscienciometria.

Ortopensenidade – Qualidade, o ato ou o efeito da manutenção da autopensenidade caracterizada pelo predomínio constante dos ortopensenes, os pensenes retos ou cosmoéticos, compondo a condição própria da holomaturidade da consciência, conscin ou consciex, e a *unidade da Cosmoeticologia Prática.*

Para – Prefixo empregado em palavras para significar *além de, ao lado de,* a exemplo de *paracérebro.* Significa também *extrafísico.*

Paracérebro – Cérebro extrafísico do psicossoma da consciência nos estados extrafísico (consciex), intrafísico (conscin) e projetado, quando através do psicossoma.

Paracidadão(ã) – É a consciex habitante de alguma comunidade extrafísica.

Paradever – Condição da consciência lúcida dos próprios compromissos, normas, princípios e paraleis justas, íntegras e retas, firmados com o desenvolvimento autoconsciente da evolução pessoal entrosada à evolução do grupo evolutivo.

Paradidática – É o subcampo da Parapedagogia dedicado aos preceitos científicos capazes de orientar a atividade paraeducativa, a modo de torná-la mais eficaz.

Paradigma Consciencial – É a Teoria-Líder da Conscienciologia fundamentada na própria consciência.

Paradireito – Ciência aplicada aos estudos técnicos, paratécnicos, pesquisas e parapesquisas teáticas do conjunto de normas, princípios e *paraleis* das manifestações conscienciais ou pensenizações justas, íntegras e retas, conforme o fluxo cosmoético e sincrônico do Cosmos, a partir do emprego correto da energia imanente (EI), na vivência e paravivência da megafraternidade.

Parafato – Fenômenos, ocorrências, eventos ou adventos extrafísicos relativos à consciência, conscin ou consciex.

Parafenômeno – É a ocorrência de natureza parapsíquica, energética, holossomática ou mesmo projetiva.

Parafisiologia – Fisiologia dos veículos de manifestação da consciência, excluído o corpo humano ou soma. É uma especialidade da *Conscienciologia.*

Paragenética – Especialidade da Conscienciologia aplicada aos estudos e pesquisas da Genética composta e integral, abarcando todas as heranças holossomáticas da consciência, através do psicossoma e do mentalsoma, dos retrossomas das vidas anteriores (retrovidas) ao atual embrião humano na condição de conscin.

Parapatologia – Patologia dos veículos de manifestação da consciência, excluído o corpo humano ou soma. É uma especialidade da *Conscienciologia.*

Parapedagogo – É o(a) professor(a), educador(a), preceptor(a), instrutor(a) ou monitor(a) atuante a partir dos recursos e das técnicas derivadas da Conscienciologia ou, mais especificamente, da Parapedagogia.

Parapercepção – *V. Parapsiquismo.*

Parapercepciologia – Especialidade da Conscienciologia aplicada aos estudos e pesquisas das parapercepções ou do parapsiquismo da consciência, além das perceptibilidades adstritas ou próprias do copor humano (soma), fenômenos decorrentes e consequências evolutivas.

Paraprocedência – A base extrafísica, original, pessoal, de onde cada consciência intrafísica (conscin) procede, antes da ressoma, durante o período pré-ressomático, quando estava na condição de consciência extrafísica (consciex).

Parapsiquismo – É a condição da consciência humana (conscin) capaz de vivenciar parapercepções além dos sentidos do corpo físico (soma).

Paratroposfera – É a dimensão extrafísica troposférica, camada circundante à superfície terrestre.

Patopensene –É o pensene patológico, pecadilho mental, específico da amência consciencial ou da consciência intoxicada pela Anticosmoética.

Pensene – É a unidade de manifestação prática da consciência, segundo a Conscienciologia, considerando o *pen*samento ou ideia (concepção), o *sen*timento ou a emoção, e a *ene*rgia consciencial em conjunto, de modo indissociável.

Pensenidade – É a qualidade da consciência pensênica de alguém.

Pensenologia – Especialidade da Conscienciologia aplicada aos estudos e pesquisas dos pensenes (pensamentos, sentimentos e energias).

Personalidade Consecutiva – Conscin com a qual se convive, na mesma vida humana, em duas etapas, sendo a primeira vida curta quando a personalidade dessoma e, a segunda vida, quando a personalidade ressoma, depois de viver breve período intermissivo.

Policarma – É o princípio de causa e efeito, atuante na evolução da consciência, quando centrado no senso e vivência da maxifraternidade cósmica, além do egocarma e do grupocarma.

Pré-serenão – Consciência humana, conscin, homem ou mulher (pré-serenona), ou a consciência extrafísica, consciex, comum, vulgar, ainda distante (25%) da vivência da condição (100%) do serenismo lúcido da Serenologia ou do nível racional do Serenão *(Homo sapiens serenissimus)*, o modelo evolutivo para a Humanidade.

Precognição – Faculdade perceptiva pela qual a consciência fica conhecendo fatos indeterminados vindouros, inclusive objetos, cenas e formas distantes, no tempo futuro.

Pré-Intermissiologia – Ciência aplicada aos estudos específicos e vivências da conscin intermissivista com a iniciativa de começar, desde a vida intrafísica a se preparar intraconsciencialmente para assistir às consciexes mais afins da Baratrosfera, deixada anteriormente, por si, para trás, quando chegar à segunda dessoma, em futuro próximo.

Primener - Primavera energética; condição pessoal, mais ou menos duradoura, de apogeu das ECs sadias e construtivas.

Princípio da Descrença - É a proposição fundamental e insubstituível da abordagem da Conscienciologia às realidades, em geral, do Cosmos, em qualquer dimensão, recusando a consciência pesquisadora e refutadora todo e qualquer conceito de modo apriorista, dogmático, sem demonstração prática ou reflexão demorada, confronto da causação, lógica e a plenitude da racionalização pessoal.

Priorologia - Ciência aplicada aos estudos técnicos ou pesquisas dos atos ou efeitos dos primados das priorizações evolutivas da consciência.

Proéxis - É a programação existencial, evolutiva e pessoal do indivíduo, estabelecida na dimensão extrafísica, antes deste mesmo indivíduo entrar no funil do restringimento da vida humana ou no renascimento na intrafisicalidade.

Projeção consciente (PC) - Projeção da conscin para além do soma; experiência extracorpórea.

Projeção Lúcida - *V. Projeção Consciente.*

Projeção pelo Mentalsoma - É o estado de expansão máxima da consciência em nível de mentalização suprarracional e suprassensória.

Projeciologia - Especialidade da Conscienciologia que estuda as projeções da consciência e seus efeitos, inclusive as projeções das energias conscienciais para fora do holossoma. Esta representa a matéria e o objeto de estudo deste livro. É um subcampo científico da Comunicologia (interdimensionalidade).

Projetabilidade lúcida (**PL**) - Qualidade parafisiológica, projetiva, lúcida, da consciência, capaz de descoincidir-se ou tirar os seus veículos de manifestação da condição de alinhamento do holossoma, inclusive através da impulsão da própria vontade.

Psicossoma - É o paracorpo emocional da consciência; o *corpo objetivo* da conscin.

Recéxis - É a consecução técnica de mudanças substanciosas, para melhor, na vida intra e extrafísica da personalidade humana, tendo em vista a evolução cosmoética.

Reciclagem existencial - *V. Recéxis.*

Reciclagem intraconsciencial – *V. Recin.*

Reciclante existencial - Conscin aplicante da técnica evoluída da reciclagem existencial (recéxis) na atual vida humana visando à aceleração evolutiva.

Reciclante existencial - Conscin que se dispõe a realizar a recéxis.

Recin – *Reci*clagem *intra*consciencial ou a renovação cerebral da consciência humana (conscin) através da criação de neossinapses ou conexões interneuroniais (neuróglias).

Ressoma - *Re*nascimento *somá*tico da consciex que passa para a condição temporária de conscin, ou sai da extrafisicalidade para a intrafisicalidade.

Restringimento intrafísico – Afunilamento dos atributos pessoais imposto à consciência renascida na Terra.

Retrocognição – Faculdade perceptiva pela qual a pessoa humana passa a conhecer fatos, cenas, formas, objetos sucessos e vivências pertencentes ao tempo passado distante, comumente relacionado a holomemória.

Retrovida – Existência humana anterior, recente ou remota, à vida atual da conscin.

Reurbanização extrafísica – *V. Reurbex.*

Reurbex – Reurbanização extrafísica é a mudança para melhor dos ambientes e comunidades extrafísicas doentias, anticosmoeticamente degradados, patrocinada pelos Serenões, com a finalidade de higienizar o holopensene intrafísico das áreas das Socins sobre as quais exercem influência antievolutiva e deletéria para a Humanidade.

Reurbexologia - Especialidade da Conscienciologia dedicada aos estudos técnico das reubanizações extrafísicas (reurbexes).

Serenão - Nome popular do *Homo sapiens serenissimus.*

Serenologia - Ciência aplicada aos estudos dos Serenões, de modo geral.

Serialidade - Qualidade da consciência sujeita às seriéxis.

Seriéxis - Seriação existencial evolutiva da consciência; existências sucessivas; renascimentos intrafísicos em série.

Sinalética parapsíquica - Existência, identificação, registro e emprego autoconsciente dos sinais anímicos, energéticos, parapsíquicos e personalíssimos, ou a percepção transcendente, indiscutível, da presença de consciexes ou de ocorrências extrafísicas, parafatos e parafenômenos em torno da pessoa parapercipiente na vigília física ordinária ou da conscin projetada, fora do soma, com lucidez.

Sociex - Sociedade extrafísica ou das consciexes, dentro das pesquisas da Extrafisicologia.

Socin - Sociedade intrafísica, humana, ou das conscins, um arremedo das realidades das sociexes das dimensões evolutivamente avançadas.

Soma - Corpo humano.

Tacon - É a tarefa da consolação, assistencial, pessoal ou grupal, primária, dentro da interassistencialidade evolutiva da consciência.

Taquipensene - O pensene de fluxo rápido, próprio da conscin taquipsíquica.

Tares - Tarefa do esclarecimento, ou vivência alerta da assistencialidade racional, libertária, científica e cosmoética, no mais alto grau, a favor das consciências.

Teática - Vivência conjunta da teoria e da prática por parte da conscin ou da consciex.

Tenepes - Tarefa energética pessoal, diária, multidimensional, com assistência permanente de amparadores, a longo prazo ou para o restante da vida intrafísica.

Tenepessista - Conscin praticante da tarefa energética pessoal, diária, tenepes.

Tertúlia conscienciológica - Agrupamento, reunião informal, espontânea ou assembleia de pesquisadores afins, homens e mulheres, para debater temas do momento, fazer análises rápidas e obter consensos transitórios de neopesquisas, hipóteses e teorias, através do Curso de Longo Curso, gratuito, diário, sem pré-requisitos, durante duas horas, com abordagens e temas inéditos, atuais, de interesse comum, teáticos, circulares e avançados da Conscienciologia.

Tertuliarium - Ambiente tecnicamente preparado para a transmissão diária das tertúlias e demaiss atividades tarísticas de ponta.

Traf*al* - Traço faltante à personalidade do ser humano, no caso, traço-força ou trafor, para completar o quadro pessoal, razoável, conscienciométrico, do próprio nível evolutivo.

Trafar – Traço-fardo da personalidade da conscin, componente negativo da estrutura do microuniverso consciencial, capaz de impedir-lhe a evolução autoconsciente.

Trafor – Traço-força da personalidade da conscin, componente positivo da estrutura do microuniverso consciencial, capaz de impulsionar-lhe a evolução autoconsciente.

Transmigraciologia Extrafísica – Ciência, especialidade da Conscienciologia, aplicada ao estudo das transmigrações interplanetárias das consciências extrafísicas com as mudanças da paraprocedência e novo estabelecimento do domicílio posterior, intrafísico, planetário, de consciexes chegando, incessantemente, a este planeta, e saindo daqui para outros habitados, sob a orientação de evoluciólogos e Serenões.

Universalismo – Conjunto de ideias derivadas da universalidade das leis básicas da Natureza e do Universo e que, através da evolução natural da consciência, torna-se inevitavelmente, a sua filosofia dominante; cosmismo.

Verbação – Técnica da vivência humana pela interação teórica da fala ou verbo e consequente manifestação prática, atitude ou ação, no comportamento pessoal coerente da cotidianidade.

Verdade relativa de ponta – *V. Verpon.*

Verpon – A verdade relativa de ponta é a conformidade entre o neopensene, a expressão do neopensene (forma) e o objeto do neopensene (conteúdo), ou a realidade (fato) ou pararrealidade (parafato) nova, existindo iniludivelmente para a própria conscin (autoconvicção), segundo o *princípio da descrença,* obtida por intermédio das pesquisas da Conscienciologia.

Verponogenia – É a autodisposição da conscin lúcida, intermissivista, para entrar nas faixas pensênicas adequadas, interativas e sincrônicas, a fim de produzir ou conceber verdades relativas de ponta ou neoverpons cosmoéticas.

Vínculo consciencial – Ligação cosmoética, autolúcida, voluntária e policármica, entre o colaborador e a instituição conscienciocêntrica.

ÍNDICE GEOGRÁFICO

ÍNDICE ONOMÁSTICO

S

T

U

V

W

Z

ÍNDICE REMISSIVO

D

E

T

U

V

INSTITUIÇÕES CONSCIENCIOCÊNTRICAS (ICS)

ICs. As Instituições Conscienciocêntricas (ICs) são organizações cujos objetivos, metodologias de trabalho e modelos organizacionais estão fundamentados no *Paradigma Consciencial.* A atividade principal das ICs é apoiar a evolução das consciências através da *tarefa do esclarecimento* pautada pelas *verdades relativas de ponta,* encontradas nas pesquisas no campo da Ciência Conscienciologia e especialidades.

Voluntariado. Todas as Instituições Conscienciocêntricas são associações independentes, de caráter privado, sem fins de lucro e mantidas predominantemente pelo trabalho voluntário de professores, pesquisadores, administradores e profissionais de diversas áreas.

CCCI. O conjunto das Instituições Conscienciocêntricas e dos voluntários da Conscienciologia no planeta compõe a *Comunidade Conscienciológica Cosmoética Internacional* (CCCI) formada atualmente por 20 ICs, incluindo a *Associação Internacional Editares.*

AIEC – Associação Internacional para Expansão da Conscienciologia

Fundação: 22/04/2005
Sede: Av. Felipe Wandscheer, 5.100, sala 111, Cognópolis
Foz do Iguaçu, Paraná, Brasil, CEP: 85856-530
Tel.: +55 (45) 2102-1411
Site: www.worldaiec.org
Contato: aiec.comunicacao@gmail.com

Campus Discernimentum: Av. Felipe Wandscheer, 5.100, sala 201
Cognópolis, Foz do Iguaçu, Paraná, Brasil, CEP: 85856-530
Tel.: +55 (45) 2102-1400
Contato: contato@discernimentum.org

APEX – Associação Internacional da Programação Existencial

Fundação: 20/02/2007
Sede: Rua da Cosmoética, 1.511, Cognópolis, Caixa Postal 921, Centro, Foz do Iguaçu, Paraná, Brasil, CEP: 85851-000
Tel.: +55 (45) 3525-2652 – Fax: +55 (45) 3525-5511
Site: www.apexinternacional.org
Contato: contato@apexinternacional.org

ARACÊ – Associação Internacional para Evolução da Consciência

Fundação: 14/04/2001

***Campus* ARACÊ:** Rota do Conhecimento, Km 7, acesso pela BR-262 Km 87, Distrito de Aracê Domingos Martins, Espírito Santo, Brasil

Endereço para correspondência: Caixa Postal 110, Pedra Azul Domingos Martins, Espírito Santo, Brasil, CEP: 29278-000

Tel.: +55 (27) 9739-2400

Site: www.arace.org

Contato: associacao@arace.org

ASSINVÉXIS – Associação Internacional de Inversão Existencial

Fundação: 22/07/2004

***Campus* de Invexologia:** Av. Maria Bubiak, 1.100, Cognópolis Foz do Iguaçu, Paraná, Brasil, CEP: 85853-728

Tel.: +55 (45) 3525-0913

Site: www.assinvexis.org

Contato: contato@assinvexis.org

ASSIPEC – Associação Internacional de Pesquisas da Conscienciologia

Fundação: IC apresentada oficialmente na Tertúlia Conscienciológica do dia 14/08/2011

Sede: Rua XV de Novembro, 1.681, Vila Municipal Jundiaí, São Paulo, Brasil, CEP: 13201-006

Tel.: +55 (11) 4521-8541

Site: www.assipec.org

Contato: assipec@assipec.org

ASSIPI – Associação Internacional de Parapsiquismo Interassistencial

Fundação: 29/12/2011

Sede: Av. Felipe Wandscheer, 5.100, sala 212, Cognópolis Foz do Iguaçu, Paraná, Brasil, CEP: 85856-530

Tel.: +55 (11) 2102-1421 – VOIP: +55 (45) 4053-9818

Site: www.assipi.org

Contato: assipi@assipi.com

CEAEC – Associação Internacional do Centro de Altos Estudos da Conscienciologia

Fundação: 15/07/1995

Sede: Rua da Cosmoética, 1.511, Cognópolis, Caixa Postal 921, Centro Foz do Iguaçu, Paraná, Brasil, CEP: 85851-000

Tel.: +55 (45) 3525-2652 – Fax:+55 (45) 3525-5511

Site: www.ceaec.org

Contato: ceaec@ceaec.org

COMUNICONS – Associação Internacional de Comunicação Conscienciológica

Fundação: 24/07/2005
Sede: Av. Felipe Wandscheer, 5.100, sala 206, Cognópolis
Foz do Iguaçu, Paraná, Brasil, CEP: 85856-530
Tel.: +55 (45) 2102-1409
Site: www.comunicons.org.br
Contato: comunicons@comunicons.org

CONSCIUS – Associação Internacional de Conscienciometria Interassistencial

Fundação: 24/02/2006
Sede: Av. Felipe Wandscheer, 5.100, casa 352, Cognópolis
Foz do Iguaçu, Paraná, Brasil, CEP: 85856-530
Tel.: +55 (45) 2102-1460
Site: www.conscius.org.br
Contato: conscius@conscius.org.br

CONSECUTIVUS – Associação Internacional de Pesquisas Seriexológicas e Holobiográficas

Fundação: 14/12/2014
Sede: Av. Felipe Wandscheer, 5100, Casa 351, Cognópolis
Foz do Iguaçu, Paraná, Brasil, CEP: 85851-579
Tel.: +55 (45) 9807-1320
Site: www.consecutivus.com.br
Contato: consecutivus@consecutivus.com.br

ECTOLAB – Associação Internacional de Pesquisa Laboratorial em Ectoplasmia e Paracirurgia

Fundação: 14/07/2013
Sede: Avenida Felipe Wandscheer, 5100, sala 105, Cognópolis
Foz do Iguaçu, PR, Brasil, CEP: 85856-630
Telefone: +55 (45) 2102-1427
Site: www.ectolab.org
Contato: ectolab@ectolab.org

EDITARES – Associação Internacional Editares

Fundação: 23/10/2004
Sede: Av. Felipe Wandscheer, 5.100, sala 107, Cognópolis
Foz do Iguaçu, Paraná, Brasil, CEP: 85856-530
Tel.: +55 (45) 2102-1407 – VOIP: +55 (45) 4053-953
Site: www.editares.org
Shopcons: www.shopcons.com.br (portal de compra de livros)
Contato: editares@editares.org

ENCYCLOSSAPIENS – Associação Internacional de Enciclopediologia Conscienciológica

Fundação: 21/12/2013
Sede: Rua da Cosmoética, 1.511, Cognópolis
Foz do Iguaçu, Paraná, Brasil, CEP: 85851-000
Caixa Postal 921
Tel.: +55 (45) 3525-2652 – Fax: +55 (45) 3525-5511
Site: www.encyclossapiens.org
Contato: contato@encyclossapiens.org

EVOLUCIN – Associação Internacional de Conscienciologia para Infância

Fundação: 09/07/2006
Sede: Av. Felipe Wandscheer, 5.100, sala 102, Cognópolis
Foz do Iguaçu, Paraná, Brasil, CEP: 85856-530
Tel.: +55 (45) 9909-6129
Site: www.evolucin.org
Contato: evolucin@gmail.com

IIPC – Instituto Internacional de Projeciologia e Conscienciologia

Fundação: 16/01/1988
Sede: Av. Felipe Wandscheer, 5.100, sala 103, Cognópolis
Foz do Iguaçu, Paraná, Brasil, CEP: 85856-530
Tel.: +55 (45) 2102-1448
Site: www.iipc.org.br
Contato: iipc@iipc.org.br

***Campus* de Pesquisas IIPC:** Estrada do Universalismo, 1.177
Sampaio Correa, Saquarema, Rio de Janeiro, Brasil
CEP: 28997-970
Tel.: +55 (22) 2654-1186
Contato: campussaquarema@iipc.org

INTERCAMPI – Associação Internacional dos *Campi* de Pesquisas da Conscienciologia

Fundação: 23/07/2005
Sede: Av. Antonio Basílio, 3006, sala 602, Lagoa Nova
Natal, Rio Grande do Norte, CEP: 59056-005
Tel.: +55 (84) 3211-3126
Site: www.intercampi.org
Contato: intercampi@intercampi.org

OIC - Organização Internacional de Conscienciotarapia

Fundação: 06/09/2003

***Campus* OIC:** Av. Felipe Wandscheer, 5.935, Cognópolis

Foz do Iguaçu, Paraná, Brasil, CEP: 85856-530

Tel.: +55 (45) 3025-1404 / 2102-1402

Site: www.oic.org.br

Contato: aco@oic.org.br

REAPRENDENTIA - Associação Internacional de Parapedagogia e Reeducação Consciencial

Fundação: 21/10/2007

Sede: Rua da Cosmoética, 1.511, Cognópolis, Caixa Postal 921, Centro

Foz do Iguaçu, Paraná, Brasil, CEP: 85851-000

Tel.: +55 (45) 3525-2652 - Fax: +55 (45) 3525-5511

Site: www.reaprendentia.org

Contato: contato@reaprendentia.org.br

RECONSCIENTIA - Associação Internacional de Pesquisologia para Megaconscientização

Fundação: 02/07/2011

Sede: Felipe Wandscheer 5100, Sala 104, Cognópolis

Foz do Iguaçu, Paraná, Brasil, CEP: 85856-530

Tel.: +55 (45) 9993-2000

Contato: pesquisologia@gmail.com

UNICIN - União das Instituições Conscienciocêntricas Internacionais

Fundação: 22/01/2005

Sede: Av. Felipe Wandscheer, 5.100, sala 105, Cognópolis

Foz do Iguaçu, Paraná, Brasil, CEP: 85856-530

Tel.: +55 (45) 2102-1405

Site: www.unicin.org

Contato: unicin@unicin.org

UNIESCON - União Internacional de Escritores da Conscienciologia

Fundação: 23/11/2008

Sede: Rua da Cosmoética, 1.511, Cognópolis, Caixa Postal 921, Centro

Foz do Iguaçu, Paraná, Brasil, CEP: 85851-000

Tel.: +55 (45) 3525-2652 - Fax:+55 (45) 3525-5511

Site: www.uniescon.org

Contato: uniescon.ccci@gmail.com

TÍTULOS PUBLICADOS PELA EDITARES

AUTOR	*TÍTULO*
Alexandre Nonato	JK E OS BASTIDORES DA CONSTRUÇÃO DE BRASÍLIA
Alexandre Nonato *et. al.*	INVERSÃO EXISTENCIAL
Alzemiro Rufino de Matos	VIDA: OPORTUNIDADE DE APRENDER
Ana Seno	COMUNICAÇÃO EVOLUTIVA
Antonio Pitaguari / Marina Thomaz	REDAÇÃO E ESTILÍSTICA CONSCIENCIOLÓGICA
Arlindo Alcadipani	ITINERÁRIO EVOLUTIVO DE UM RECICLANTE: AUTOBIOGRAFIA PERMEADA PELA HISTÓRIA DO BRASIL
Bárbara Ceotto	DIÁRIO DE AUTOCURA
Cesar Machado	PROATIVIDADE EVOLUTIVA
Cirleine Couto	CONTRAPONTOS DO PARAPSIQUISMO
	INTELIGÊNCIA EVOLUTIVA COTIDIANA
Dalva Morem	SEMPRE É TEMPO
Dayane Rossa	OPORTUNIDADE DE VIVER
Dulce Daou	AUTOCONSCIÊNCIA E MULTIDIMENSIONALIDADE
	VONTADE: CONSCIÊNCIA INTEIRA
Fernando R. Sivelli / Marineide C. Gregório	AUTOEXPERIMENTOGRAFIA PROJECIOLÓGICA
Flávio Buononato	ANUÁRIO DA CONSCIENCIOLOGIA
	FATOS E PARAFATOS DA COGNÓPOLIS FOZ DO IGUAÇU
Graça Razera	HIPERATIVIDADE EFICAZ
Jayme Pereira	BÁRBARAH VAI À ESTRELA
	PRINCÍPIOS DO ESTADO MUNDIAL COSMOÉTICO
João Paulo / Dayane Rossa	MANUAL DA CONSCIN-COBAIA

Julieta Mendonça	MANUAL DO TEXTO DISSERTATIVO
Julio Almeida	QUALIFICAÇÕES DA CONSCIÊNCIA
	QUALIFICAÇÃO AUTORAL
Kátia Arakaki	ANTIPAGULHISMO ENERGÉTICO: MANUAL
	VIAGENS INTERNACIONAIS
Laura Sánchez	LASTANOSA: MEMÓRIA E HISTÓRIA DO INTELECTUAL E HOLOTECÁRIO DO SÉCULO XVII
Lilian Zolet	PARAPSIQUISMO NA INFÂNCIA
Lilian Zolet / Flávio Buononato	MANUAL DO *ACOPLAMENTARIUM*
Lilian Zolet / Guilherme Kunz	*ACOPLAMENTARIUM* PRIMEIRA DÉCADA
Lourdes Pinheiro / Felipe Araújo	DICIONÁRIO DE VERBOS CONJUGADOS DA LÍNGUA PORTUGUESA
Luciano Vicenzi	CORAGEM PARA EVOLUIR
Lucy Lutfi	VOLTEI PARA CONTAR
Mabel Teles	PROFILAXIA DAS MANIPULAÇÕES CONSCIENCIAIS
	ZÉFIRO: A PARAIDENTIDADE INTERMISSIVA DE WALDO VIEIRA
Málu Balona	AUTOCURA ATRAVÉS DA RECONCILIAÇÃO
	SÍNDROME DO ESTRANGEIRO
Marcelo da Luz	ONDE A RELIGIÃO TERMINA?
Maria Thereza Lacerda	A PEDRA DO CAMINHO
Marina Thomaz / Antônio Pitaguari	TENEPES: ASSISTÊNCIA INTERDIMENSIONAL LÚCIDA
Maximiliano Haymann	SÍNDROME DO OSTRACISMO
Miguel Cirera	EVOLUCIÓN DE LA INTELIGENCIA PARAPSIQUICA
Moacir Gonçalves / Rosemary Salles	DINÂMICAS PARAPSÍQUICAS
Osmar Ramos Filho	CRISTO ESPERA POR TI (Edição Comentada)
Reinalda Fritzen	CAMINHOS DE AUTOSSUPERAÇÃO
Rodrigo Medeiros	CLARIVIDÊNCIA
Rosa Nader	MANUAL DE VERBETOGRAFIA

Roseli Oliveira	DICIONÁRIO DE EUFEMISMOS DA LÍNGUA PORTUGUESA
Silda Dries	TEORIA E PRÁTICA DA EXPERIÊNCIA FORA DO CORPO
Tony Musskopf	AUTENTICIDADE CONSCIENCIAL
Vera Hoffmann	SEM MEDO DA MORTE
Wagner Alegretti	RETROCOGNIÇÕES
Waldo Vieira	700 EXPERIMENTOS DA CONSCIENCIOLOGIA
	DICIONÁRIO DE ARGUMENTOS DA CONSCIENCIOLOGIA
	DICIONÁRIO DE NEOLOGISMOS DA CONSCIENCIOLOGIA
	ENCICLOPÉDIA DA CONSCIENCIOLOGIA
	HOMO SAPIENS PACIFICUS
	HOMO SAPIENS REURBANISATUS
	LÉXICO DE ORTOPENSATAS
	MANUAL DA DUPLA EVOLUTIVA
	MANUAL DA PROÉXIS
	MANUAL DA TENEPES
	MANUAL DOS MEGAPENSENES TRIVOCABULARES
	NOSSA EVOLUÇÃO
	O QUE É A CONSCIENCIOLOGIA
	PROJECIOLOGIA
	PROJEÇÕES DA CONSCIÊNCIA

O AUTOR

Nascido em 09 de abril de 1983, em Curitiba, Paraná, Brasil, **Phelipe Mansur** é graduado em Administração com ênfase em *Marketing*.

Empreendedor desde os 13 anos de idade, possui experiência profissional na concepção e implantação de negócios. Atualmente é franqueado do SUBWAY em Foz do Iguaçu, Paraná, e presta orientação gratuita a empreendedores interessados em montar o primeiro negócio.

É pesquisador e docente de Conscienciologia desde 2003 e Epicon desde 2008. Foi Secretário Geral do CEAEC - Centro de Altos Estudos da Conscienciologia - de 2011 à 2014. Hoje coordena o Conselho de Parapolítica da Unicin - União das Instituições Conscienciocêntricas Internacionais.

1. ***Área de Pesquisa:***
Esta obra aborda temas da
Empreendendorismologia,
especialidade da *Conscienciologia.*

2. ***Princípio da Descrença:***
Não acredite em nada, nem mesmo
nas informações expostas nesta obra.
O mais inteligente é você ter as
próprias experiências pessoais.

EDITARES

* 9 7 8 8 5 8 4 7 7 0 0 5 2 *
MAN - #0231 - 230726 - C0 - 210/140/14 - PB - 9788584770052 - Matt Lamination